단순한

삶

단순한 샤 ㄹㅁ

샤를 와그너
문신원 옮김

La vie
simple

판미동

단순함은 일종의 정신 상태다.

차례

초판 서문   8

1 우리의 복잡한 삶   11

2 단순함의 본질   27

3 단순한 생각   37

4 단순한 말   57

5 단순한 의무   73

6 단순한 욕구   93

7 단순한 기쁨   107

8 돈에 좌우되는 정신과 단순함   127

9 명성과 알려지지 않은 선행   145

10 가정생활과 사교생활   165

11 단순한 아름다움   179

12 오만과 사회관계의 단순함   193

13 단순함을 위한 교육   211

결론   234

열에 들뜨고 갈증으로 목이 타는 환자는 자면서 서늘한 개울물에 몸을 담그거나 맑은 샘물을 벌컥 들이켜는 꿈을 꾼다. 마찬가지로 복잡다단한 현대 생활에 지친 우리의 영혼도 단순함을 꿈꾼다.

단순함이라는 이 아름다운 이름은 이제 영영 사라져 버린 것일까? 단순함이 과거 어느 시대에 겪었던 일부 예외적인 상황과 관련된 것이라면, 사실상 우리는 단순함을 되찾으려는 꿈을 포기해야 한다. 문명은 본래의 기원으로 돌아갈 수 없는 법이니까. 혼탁한 강물이 오리나무와 샘물이 나란히 있는 고요한 골짜기로 되돌아갈 수 없듯이.

하지만 단순함은 이런저런 특별한 경제 조건이나 사회 조건에 좌우되지 않는다. 오히려 다양한 삶의 유형을 부추기고 변화시킬 수 있는 건 우리의 정신이다. 단언컨대 우리는 무력하게 움츠러들어 후회하기는커녕 이 기회에 단순해지기로 마음먹고 일상에서 활기차게 실천할 수 있다.

■■■

　단순한 삶을 열망하는 것은 말 그대로 가장 고결한 인간의 운명을 완수하고자 열망하는 것이다. 더 나은 정의와 빛을 향한 인간의 움직임은 모두 더 단순한 삶을 향한 움직임이었다. 옛 시대의 단순함이 예술, 풍습, 사상에서 최고의 가치를 여전히 발휘하는 까닭은, 그것이 오로지 본질적인 감정들과 영원한 진실들을 강조했기 때문이다. 이 단순함을 사랑하고 경건하게 지키려 노력해야 한다.

　그런데 이 사실을 제대로 이해하지 못하는 사람은 단순함의 장점이 외부로 드러나는 표현 속에만 있다고 생각한다. 요컨대, 우리는 선조들과 똑같은 형태의 단순함을 유지할 수 없어도, 최소한 같은 정신으로 단순함을 유지하거나 다시 단순해질 수는 있다. 우리가 다른 길을 걷는다 해도, 인류의 목적은 항상 똑같다. 돛단배를 탔든 증기선을 탔든 뱃사람을 이끌어주는 건 늘 한결같은 북극성이다.

　현재 우리가 가진 수단으로 목표를 향해 걷는 것, 그것이야말로 오늘날에도 가장 중요한 일이다. 그런데 그 길에서 너무 자주 벗어나는 바람에 우리의 삶은 혼란스럽고 복잡해지고 말았다.

■■■

이 단순함의 내적인 개념을 제대로 공유할 수만 있다면 내 노력은 헛되지 않을 것이다. 일부 독자들 중에는 이런저런 개념이 풍습과 교육에 완전히 스며들어야 한다고 여기며, 스스로 그 개념을 발전시켜 우리를 인간답지 못하게 만드는 습관들을 기꺼이 버리려는 사람들도 있으리라.

쓸모없이 거추장스러운 일들이 우리 마음에 온기와 생기를 다시 불어넣어 주어야 할 이상적인 진실과 정의와 선의를 가로막고 있다. 그 가시덤불은 우리와 우리의 행복을 보호해 준다는 명목으로 마침내 우리에게 비칠 빛을 가리고 말았다. 우리는 언제쯤 복잡하면서도 무익한 삶의 기만적인 유혹에 맞서 다음과 같은 현자의 말을 할 수 있을까? "내 햇빛을 방해하지 말고 이제 그만 비켜 주겠나?"

1895년 5월 파리

우리의
복잡한 삶

La vie
simple

이토록
복잡한 결혼식!

　　　　블랑샤르 씨네 집은 지금 온통 뒤죽박죽 야단법석이다. 다음 주 화요일이 그 집 딸 이본느 양의 결혼식인 데, 벌써 금요일이 되었기 때문이다.

선물을 한 아름 안고 온 손님들, 주문한 상품 꾸러미를 들고 온 상인들이 끊임없이 집 안을 들락거린다. 가족들과 예비 신랑 신부 는 정작 발붙일 곳도 없어, 사는 꼴이 영 말이 아니다. 낮에는 양 복 재단사며 모자 제조인, 가구 제작자, 보석 세공인, 실내장식업 자, 연회업자들을 만나느라 눈코 뜰 새 없이 바쁘다. 그다음에는 정신없이 관공서로 달려가 잡다한 서류 더미에 파묻혀 등본을 만드는 사무원들을 물끄러미 바라보며 차례를 기다린다. 간신히 짬이 나서 집에 돌아간다 해도, 이번에는 갖가지 저녁 모임에 참석할 채비를 해야 한다. 약혼식 피로연, 환영회, 리셉션, 야회, 무도회 등등……. 한밤중이 되어서야 기진맥진한 채 집에 돌아와 뒤늦게 도착해 쌓여 있는 선물 꾸러미와 편지를 확인한다. 축하 편지, 신랑 신부 들러리를 승낙하거나 사양하는 편지, 늦어져 미안하다는 납품업자들의 변명 편지. 거기엔 막바지에 일어난 공교로운 사건들을 알리는 소식들도 있다. 갑작스레 초상을 치르느라 피로연을 진행하지 못하게 되었다거나, 몹쓸 독감에 걸려 유명한 여가수가 노래를 못 부르게 되었다 등등. 일일이 나열하자면 한도 끝도 없다. 불쌍한 블랑샤르 가족! 해도 해도 준비는 끝나지 않는다. 그 모든 걸 그들은 과연 예상이나 했을까.

이 가족이 이렇게 살아온 지도 벌써 어언 한 달째. 더는 한숨 돌리며 생각을 가다듬고 차분하게 이야기를 주고받을 새도 없다. 아니, 이건 사는 게 아니다!

그래도 할머니의 방이 있어서 얼마나 다행인가. 온갖 풍파를 겪으며 살아온 팔순의 할머니는 지혜롭고 자애로운 노인이 삶에서 얻은 특유의 온화한 확신으로 매사를 대한다. 할머니는 거의 온종일 안락의자에 앉아서 보내는 기나긴 명상의 시간을 좋아한다. 그래서 할머니의 방문 앞에서만큼은 온 집안을 휩쓸던 분주한 소란도 공손히 잦아든다. 그 성역의 문턱에서는 목소리도 낮아지고 발걸음도 조심스러워진다. 젊은 약혼자들도 잠시 쉴 곳을 찾아 할머니 방으로 달아난다.

"불쌍한 내 새끼, 아주 녹초가 되었구나! 잠시 쉬면서 오붓한 시간을 가지려무나. 그런 게 중요하지. 나머지는 다 부질없단다." 할머니는 반기며 말씀하신다.

분명 두 젊은이도 그렇게 생각한다. 지난 몇 주 동안 온갖 예의범절이며 무의미한 일들 때문에 몇 번이나 둘의 사랑이 무너질 뻔했던가! 둘의 인생에서 결정적인 그 순간, 그들은 머릿속에서 가장 중요한 한 가지를 몰아내고 소소한 관심사들에 쉴 새 없이 괴롭힘당하는 운명에 시달리고 있다. 그래서 두 사람은 자상하게 미소 지으며 건네는 할머니의 말씀에 순순히 수긍한다.

"정말이지, 얘들아. 세상이 너무나 복잡해졌구나. 그런다고 사람들이 더 행복해지는 것도 아닌데……. 오히려 정반대지!"

불안은 아이의 투정과 같은
복잡한 정신 상태

나 역시 할머니와 같은 생각이다. 현대인은 태어나서 죽을 때까지 즐거울 때나 아쉬울 때나 세상과 자기 자신에 대한 개념 속에서 허우적대며 무수히 복잡한 상황에 부닥친다. 이제는 무엇 하나 간단한 일이 없다. 생각하는 것도, 행동하는 것도, 즐기는 것도, 심지어 죽는 일조차도. 우리는 구태여 삶에 숱한 역경을 자초하며 갖가지 즐거움을 떼어 낸다. 나는 요즘 사람들이 부자연스러운 삶의 여파에 시달린다고 생각한다. 이제 우리가 그들의 불편함을 표현해 주고, 막연하게 떠오르던 단순함에 대한 아쉬움을 깨닫게 해 주면, 그들도 고마워하지 않을까.

우선 우리가 보여 주고자 하는 진실을 부각하는 몇 가지 사실부터 이야기해 보자.

우리 삶이 얼마나 복잡해졌는지는 늘어나는 물질적 욕구만 보아도 금방 알 수 있다. 가진 것이 많을수록 욕구도 커진다는 사실은 금세기 보편적으로 확인된 현상이다. 그 사실 자체만으로는 나쁠 것이 없다. 새로운 욕구가 생긴다는 건 때로는 그만큼 형편이 나아졌다는 뜻이기도 하니까. 목욕을 하고 정갈한 옷을 입고 청결한 집에 살면서 몸에 좋은 음식을 먹고 여유로운 마음으로 교양을 쌓고자 하는 욕구를 느낀다는 건 그만큼 능력이 있다는 징조다.

그런데 어떤 욕구들은 당연하고 바람직하지만, 어떤 욕구들은 기생충처럼 들러붙어 우리를 착취하며 치명적인 영향을 미친다. 우리가 염려하는 점은 바로 그런 욕구들이 점점 늘어나 강압적으로 우리를 사로잡는다는 것이다.

만일 우리 조상들이, 우리가 지금 물질적인 삶을 영위하고 지키는 데 사용하는 온갖 수단과 힘을 언젠가 맘껏 누리게 되리라 예견했더라면 어땠을까? 자립심이 커지면서 행복감도 더 커질 테고, 그래서 삶의 행복을 위한 경쟁도 크게 줄어들 거라고 생각했을지도 모른다. 수단이 완벽해졌으니 삶은 더 간단해지고 도덕적으로도 훨씬 더 고결해지리라고 말이다. 그런데 실제로 그런 일은 일어나지 않았다. 행복도, 사회적 평화도, 행복을 위한 기운도 커지지 않았다.

우선, 전체적으로 볼 때 요즘 사람들은 우리 조상들보다 더 만족스럽고 미래에 대해 더 확신하며 살고 있을까? 내가 묻고 싶은 것은 '우리에게 그럴 만한 이유가 있느냐.'가 아니라 '실제로 우리가 그러하느냐.'다. 요즘 사람들이 사는 모습을 보고 있으면 대부분 자신의 운명에 만족하지 못하는 것 같다. 무엇보다도 물질적인 욕구에 집착하고 미래에 대한 걱정에 골몰한 듯 보인다.

예전보다 잘 먹고 잘 입고 잘 살면서부터 생계와 주거 문제는 더 첨예해지지도 편협해지지도 않았다. 사람들은 그저 그 문제를 생각하며 착각에 빠질 뿐이다. 늘 이렇게 물으면서. "뭘 먹고, 뭘 마시고, 뭘 입지?"

당장 끼니를 때울 빵도, 몸을 뉠 집도 없는 내일에 대한 극심한 불안에 빠진 가난한 사람들이나 떠올릴 법한 질문이다. 한편으로는 사람들이 가장 단순하게 던지는 질문이기도 하다. 이제 조금 먹고살 만해진 사람들을 보면 지금 가진 것에 대해 만족감을 누리기보다는 아직 갖지 못한 것에 대한 아쉬움으로 얼마나 전전긍긍하는지 알 수 있다.

그리고 어느 정도 유복한 사람들, 특히 부유한 사람들을 보면 호사를 누리면서도 미래에 대한 근심을 떨치지 못하는 모습을 엿볼 수 있다. 옷이 한 벌밖에 없는 여성들이 매일 무슨 옷을 입을까 고민하지 않는 것처럼, 꼭 필요한 음식만 절제하며 먹는 사람들은 내일 무얼 먹을까 고민하지 않는다. 만족감이 커질수록 욕구도 커진다는 법칙에 따라, 당연히 가진 것이 많을수록 원하는 것도 많아지는 법이다.

일반적으로, 당장 오늘이 든든한 사람일수록 장차 어떻게 살아야 하는지, 내 자식과 그 자식의 자식에게는 무얼 물려주어야 하는지, 애꿎은 미래에 대한 걱정을 공연히 사서 한다. 자신의 삶을 확립한 사람은 지위나 역량 그리고 세련된 정도에 대한 근심을 품을 리 없다.

이러한 모든 점에서 사회 계층과 조건에 따라 정도의 차이만 있을 뿐 불안감이 널리 퍼져 있음을 알 수 있다. 이 불안감은 비유하자면 없는 것 없이 다 가졌으면서도 만족할 줄 모르는, 버릇없는 아이의 투정과도 같은 아주 복잡한 정신 상태다.

물질적으로 풍요로워질수록
우리는 행복해지는가?

우리는 더 행복해지지도 않았고, 마찬가지로 더 평화로워지거나 우애로워지지도 않았다. 버릇없는 아이들은 걸핏하면 억척스럽게 싸워 댄다. 필요한 것과 갈망하는 것이 많아질수록 다툴 일이 더 많아지고, 그 다툼은 원인이 정당하지 않을수록 더 극악해지기 마련이다.

살아가는 데 꼭 필요한 먹을 것을 두고 다투는 일은 자연의 법칙이다. 이 법칙은 야만적으로 보일 수도 있지만, 그 냉혹함에는 나름의 이유도 있고, 대개는 원시적인 잔인함에 그친다. 야망, 특권, 변덕, 물질적인 향락과 같은 불필요한 것을 위한 다툼과는 사뭇 다르다. 배고픔은 절대 야망이나 변덕, 불건전한 쾌락에 대한 갈증만큼 인간을 천박하게 만들지 않는다. 이기주의는 세련되어질수록 더 사악해진다. 그래서 요즘 들어 부적 같은 인간들 사이에 적대감이 커지고, 세상은 그 어느 때보다 더 각박하고 뒤숭숭해졌다.

이런데도 우리가 더 나아졌는지 물을 필요가 있을까? 행복의 힘은 자기 자신 외에 다른 무언가를 사랑하는 인간의 능력에 있지 않을까? 물질적인 근심과 억지스러운 욕구, 야심이나 앙심 그리고 환상을 충족시키는 일에만 급급한 사람은 장차 어떻게 될까?

욕구에 탐닉하는 사람은 욕구를 너무나 키우고 늘린 나머지 종국에는 거기에 짓눌리고 만다. 일단 욕망의 노예가 되면 도덕에 대한 관념과 활력이 사라져 옳고 그름을 구분해서 선을 행할 수 없어진다. 욕망으로 내면이 어수선해지면 결국 머지않아 외적으로도 어수선해진다. 도덕적인 삶은 자신을 잘 다스릴 줄 아는 삶이지만, 부도덕한 삶은 욕구와 열정에 사로잡혀 휘둘리는 삶이다. 그렇게 해서 서서히 도덕적인 삶의 이유가 바뀌고 판단력은 흐려진다.

숱한 탐욕의 노예가 된 사람에게는 소유야말로 지고의 선이자 온갖 좋은 것들이 샘솟는 원천이다. 소유하기 위해 치열하게 경쟁할 때는 뭔가를 차지하고 있는 사람들을 쉬이 미워하게도 되고, 나 아닌 다른 사람의 수중에 있는 그 소유권을 애써 부정하기도 한다. 그런데 남이 가진 것을 빼앗으려 달려들 때 보이는 그악스러움은 우리가 소유 그 자체에 특별한 중요성을 부여한다는 새로운 증거이기도 하다. 결국 사람이나 사물이나 어떤 이득을 얻어낼 수 있는가에 따라 시장가치로 평가된다. 건질 것 없는 물건은 아무 짝에 소용없고, 가진 것 없는 사람은 보잘것이 없다. 청빈함은 부끄럽게 여겨지지만, 돈은 비록 부정한 돈일지라도 그리 어렵지 않게 장점으로 꼽힌다.

그러면 이렇게 반박하는 사람도 있을 것이다. "그럼 지금 현대적인 진보를 싸잡아 비난하는 거요? 그리운 옛날로, 금욕적인 생활로 돌아가라는 거요?" 천만에. 과거를 되살리려는 욕망은 가장 비생산적이고도 위험한 이상일 뿐이다. 삶을 포기하는 것이 잘 먹고

"

좋은 램프란 무엇인가?
귀금속으로 화려하게 세공해
한껏 치장한 램프가 아니다.
빛을 잘 밝혀야 좋은 램프다.

"

잘 사는 비법은 아니다. 다만 대책을 마련하기 위해 사회 진보를 가장 무겁게 짓누르는 실수를 밝히려 한다. 즉 물질적으로 풍족해질수록 더 행복해지고 좋아지리라고 생각하는 오류를 바로잡으려는 것이다.

사회적으로 당연한 이치인 양 통하는 그 오류만큼 얼토당토않은 것도 없다. 오히려 균형 잡히지 않은 물질적 유복함 때문에 행복해질 가능성은 줄어들고 품격이 떨어진다는 사실을 입증하는 사례가 무수히 많다. 문명의 가치는 곧 그 중심에 있는 인간의 가치다. 문명의 중심에 있는 인간에게 도덕적 청렴함이 결여되어 있다면, 제아무리 진보한다 한들 악을 더 가중시키고 사회 문제들을 더욱 복잡하게 만들 뿐이다.

인간에게는
내면의 법칙이 필요하다

이런 원칙은 물질적인 유복함 말고도 다른 영역들에서도 확인된다. 일단 교육과 자유에 대해서만 이야기해 보자. 한때 명망 높은 선구자들이 빈곤과 무지 그리고 폭정이라는, 너무나 오랫동안 연합해 온 그 세 가지 무시무시한 권력만 타도하면, 아무리 험한 세상도 신들이 머무는 곳으로 바뀐다고 단언

하던 때가 있었다.

그런데 오늘날 다른 선구자들도 똑같은 예언을 되풀이하고 있
다. 아무리 가난이 줄어든다 한들 인간이 더 착해지지도 행복해지
지도 않는다는 사실을 우리는 익히 알고 있다. 교육에 더 세심하게
신경을 썼더라면 어느 정도 결과를 얻었을까? 아직은 딱히 그런
것 같지도 않다. 그래서 여전히 공립교육에 헌신하는 이들은 노심
초사하고 있다. 그렇다면 국민을 바보로 만드는 한이 있더라도 차
라리 공교육을 폐지하고 학교를 폐쇄해야 할까? 말도 안 되는 일
이다. 우리가 가진 문명의 이기 대부분과 마찬가지로 교육도 결국
도구에 지나지 않는다. 즉, 전적으로 그 도구를 사용하는 일꾼에게
그 운명이 달려 있다는 얘기다.

자유도 마찬가지다. 자유는 어떻게 이용하느냐에 따라 치명적이
기도 하고 이롭기도 하다. 범죄자나 생각 없는 말썽꾼, 변덕스러운
사람, 법을 지키지 않는 무례한 사람에게 주어져도 그것을 자유라
할 수 있을까? 자유는 서서히 끈기 있게 이루어지는 내적 변화를
통해서만 누릴 수 있는 더 높은 삶의 공기다.

어떤 삶에든 법칙은 필요하다. 하물며 열등한 존재들이 아닌 사
람의 삶이야 두말할 나위도 없다. 인간과 사회의 삶은 동식물들의
삶보다 훨씬 소중하고 섬세하니까. 인간을 위한 법칙은 외적인 법
칙이지만 내적인 법칙도 될 수 있다. 인간은 일단 내면의 법칙을
인정하고 그 앞에 겸허해지면, 존중과 자발적인 복종을 통해서 자

유를 누릴 수 있을 만큼 성숙해진다. 강인하고 확고한 내면의 법칙이 없는 한 자유의 공기를 마실 수 없다. 그 공기는 자칫하면 사람을 도취시키고 미치게 하여 도덕적으로 죽이고 말기 때문이다.

내면의 법칙에 따라 스스로 삶을 꾸려 가는 사람은, 어른이 된 새가 더는 껍질 속에 갇혀 살 수 없듯이 외적인 권위의 법칙에 얽매여서는 단 하루도 살지 못한다. 반대로, 올바로 처신할 줄 모르는 사람은 자신을 보호해 주는 껍질을 빼앗긴 알 속의 새끼 새처럼 자유로운 체제에서 더는 살지 못한다.

이는 지극히 간단한 이치여서, 이 사실을 뒷받침하는 잇단 증거들은 예나 지금이나 끊임없이 늘어나고 있다. 그런데 우리는 이렇게도 중요한 법칙에 대해서 제대로 아는 바가 하나도 없다. 우리가 살고 있는 이 민주주의 사회에서 그 진리를 외면하고서는 올바로 처신할 수 없음을 아는 사람이 과연 몇이나 될까? 또 그런 진리를 직접 확인하고 체험하며 지켜 가는 사람은?

자유는 곧 존중이다. 자유란 내면의 법칙을 존중하는 것이고, 이 법칙은 권력자들이 베푸는 은덕이나 대중의 변덕이 아니라 지배하는 이들이 먼저 겸허히 따라야 하는 일반적이고 고결한 규칙이다. 그런데도 자유를 박탈해야 할까? 그렇진 않지만, 그에 걸맞은 능력과 자격을 갖출 필요는 있다. 그렇지 않으면 공공생활이 불가능해져서 끝내 국가는 아무런 규제도 없는 방종으로 치달아 복잡한 분쟁에서 헤어나지 못하게 된다.

본질과 부수적인 것을
구분할 것

  우리의 사회생활을 불안하고 복잡하게 만
드는 이유를 조목조목 따져 보라. 어떤 이름으로 부르든 그 목록은
제법 길어질 테지만, 결국은 본질과 부수적인 것을 혼동하는 보편
적인 원인에서 비롯된다.

  행복, 교육, 자유 등 문명 전체는 그림의 틀을 구성할 뿐, 그 틀이
곧 그림을 이루는 것은 아니다. 수도복을 입었다고 해서 수도승이
되거나, 군복을 입었다고 군인이 되는 게 아니듯 말이다. 여기서
그림이란 인간, 즉 의식, 성격, 의지라는 가장 개인적인 소유물들을
지닌 사람이다. 그런데 틀에 신경을 쓰고 꾸미는 동안 정작 그림은
잊고 무시하고 훼손한다.

  그렇다 보니 겉보기에는 풍족한데 정신적인 삶은 빈곤하다. 부
득이한 경우 없어도 되는 재물은 풍부하게 갖고 있으면서도 정작
꼭 필요한 건 턱없이 부족한 셈이다. 그래서 사랑하고 싶고, 희망
을 품고 싶고, 꿈을 이루고 싶어져 문득 내면의 깊은 자아가 깨어
나면 마치 생매장당한 듯한 공포에 쉽싸인다. 공기와 빛이 차단되
기라도 한 듯 부차적인 것들에 짓눌려 숨을 헐떡인다.

  진정한 삶을 끌어내 해방시켜 다시 드높이고, 모든 것을 제자리
로 되돌려야 한다. 인류 발전의 중심은 어디까지나 정신문화에 있

음을 명심해야 한다.

좋은 램프란 무엇인가? 귀금속으로 화려하게 세공해 한껏 치장한 램프가 아니다. 빛을 잘 밝혀야 좋은 램프다. 마찬가지로, 우리도 진정한 인간이자 시민으로서 살아가려면, 가진 재산이나 누리는 혜택이 많아야 하는 것도, 지적이고 예술적인 소양을 갖춰야 하는 것도, 명예나 독자성을 지녀야 하는 것도 아니다. 오로지 도덕적인 근성이 강직해야만 한다. 이는 오늘의 진실이 아니라 시대를 뛰어넘는 불변의 진리다.

시대를 막론하고 산업이나 지식으로 일궈 낸 외적인 여건들이 내적인 삶의 근심까지 벗어나게 해 준 적은 지금껏 한 번도 없었다. 우리를 둘러싼 세상의 모습이 바뀌면서 삶의 정신적인 요소와 물질적인 요소도 함께 변한다. 누구도 그 변화는 막지 못하고, 그 변화는 너무도 급작스러워 때로 위태롭기까지 하다.

그런데 중요한 것은 환경이 급변하는 와중에도 인간은 여전히 인간인지라 주어진 삶 속에서 자신의 목적을 향해 꿋꿋이 나아가야 한다는 점이다. 그리고 목적지에 도달하기 위해 어떤 길을 걸어가든 나그네는 샛길로 빠지지 말아야 하고, 쓸모없는 짐들 때문에 거추장스럽지 않아야 한다. 부디 방향과 기력과 존엄성을 잃지 말고, 어떤 대가를 치르더라도 앞으로 나아가야 한다는 본질에 집중하여 짐을 간소하게 꾸리기를.

2

단순함의
본질

La vie
simple

단순함은
일종의 정신 상태다

　　우리가 꿈꾸는 일상적인 단순함으로 돌아
간다는 것이 무엇인지 얘기하기 전에, 먼저 단순함을 근본적으로
정의해 볼 필요가 있다. 본질적인 것과 부차적인 것, 본질과 형식
을 혼동하는, 좀 전에 비난했던 것과 똑같은 실수를 일상에서도 저
지르기 때문이다.

　흔히 단순함에는 외적인 특징이 있어서 우리가 단박에 알아볼
수 있으리라 여기는 경향이 있다. 순박함과 수수한 신분, 소박한
옷차림, 검소한 집, 초라함, 가난, 이런 것들이 단순함과 어울린다

고 착각한다.

하지만 실은 그렇지 않다. 가령, 길을 가다가 세 사람을 만났다고 치자. 첫 번째 사람은 마차를 타고 가고 있었고, 두 번째 사람은 구두를 신고 걸어가고 있었고, 마지막 사람은 맨발로 걸어가고 있었다. 그런데 사실은 마차를 타고 가는 사람이 오히려 소박하고 꾸밈없는 사람일 수도 있다. 마찬가지로, 구두를 신은 사람도 마차를 타고 가는 사람을 부러워하지도, 맨발로 걷는 사람을 무시하지도 않을 수 있다. 도리어 누더기를 걸치고 먼지투성이 발로 걷는 세 번째 사람이 단순함, 노동, 절제를 혐오하면서 쉬운 삶, 쾌락, 무위도식만을 꿈꿀 수도 있다.

가장 단순하고 정직하지 못한 사람 중에는 비렁뱅이, 노상강도, 기식자, 아첨꾼, 시샘꾼들이 있다. 이들은 세상의 행복한 사람들에게서 한 입이라도 좋으니 가능하면 가장 크게 얻어먹기를 바란다. 신분과 상관없이 야심가, 방탕아, 나약한 사람, 구두쇠, 거만한 사람, 교활한 사람들이 그런 범주에 해당한다.

옷차림은 중요치 않다. 마음을 보아야 한다. 단순함을 특권처럼 점유하는 계급은 없다. 겉보기에는 소박해 보이는 옷차림도 확실한 징표가 될 순 없다. 그들이 사는 곳도 꼭 다락방이나 오두막 또는 고행자의 독방이나 지독히 가난한 어부의 쪽배일 필요는 없다. 어떤 형태로 삶을 살아가든, 어떤 사회적 위치에 있든, 인생의 정상에 있든 밑바닥에 있든 단순하게 사는 사람이 있고, 그렇지 못한 사람이 있을 뿐이다.

그렇다고 해서 단순함이 드러나는 외적인 징후가 전혀 없다거나, 그 나름의 습관이나 특징적인 기호와 방법이 없다는 말은 아니다. 하지만 부득이한 경우에는 거짓으로 꾸밀 수도 있는 외적인 면모들을 본질 자체와 깊고도 완전한 내면의 원천과 혼동해선 안 된다. '단순함은 일종의 정신 상태다.' 단순함은 우리 삶에 활기를 불어넣는 핵심 의지에 있다. '인간은 자신이 원하는 존재방식에 가장 큰 관심을 기울일 때, 다시 말해서 아주 솔직하게 그저 한 인간이고 싶을 때 가장 단순하다.'

이는 생각처럼 쉽지도 않지만 그렇다고 불가능하지도 않다. 우리의 바람과 행동을 우리 존재의 법칙과 일치시켜 애초에 신이 의도했던 모습 그대로 인간답게 살면 된다. 꽃은 꽃답고, 제비는 제비답고, 바위는 바위다워야 하듯이 인간 역시 인간다워야지 여우나 토끼, 맹금류나 돼지 같아선 안 되는 것처럼. 이는 만사의 이치다.

그래서 이제는 인간의 실질적인 이상을 표현해 보려고 한다. 살다 보면 언제 어디선가는 어떤 목적을 가지고 결합되는 일정량의 힘과 물질을 보게 된다. 가공되지 않아 다소 거친 물질들이 변형되면 조직의 윗단계로 옮겨진다. 인생도 별반 다르지 않다. '인간의 이상은 삶을 그 자체보다 훨씬 더 위대하게 바꾼다.'

존재 또한 비유하자면 원료와 같다. 본래 어떤 존재인지보다 그 존재에서 무엇을 끌어내는지가 더 중요하다. 예술품의 가치가 솜씨 있는 장인의 손길에 달린 것처럼. 우리는 서로 다른 재주를 갖고 태어난다. 어떤 이는 금을, 어떤 이는 화강암을, 또 어떤 이는 대리석을, 그리고 대부분은 나무나 진흙을 갖고 태어난다. 우리가 맡은 임무는 그 원료를 다듬어 나가는 일이다. 아무리 귀중한 물질이라 해도 자칫하면 망칠 수 있는 반면, 한낱 쓸모없는 재료로도 불멸의 작품을 빚어낼 수 있음은 누구나 아는 사실이다.

예술이란 변치 않는 생각을 일시적인 형태로 구현하는 일이다. 진정한 삶은 일상 속에서 정의, 사랑, 진실, 자유, 도덕적 힘과 같은 더 높은 덕목을 어떻게든 실현하는 삶이다. 각자 갖고 태어난 소질이 다르고, 처한 사회적 여건이 다양하더라도, 그런 삶은 가능하다. 삶의 가치는 운이나 개인적인 장점이 아니라 그런 것들을 어떻게 활용하느냐에 달렸기 때문이다. 얼마나 오래 살았는지가 별로 중요하지 않듯이 명성도 마찬가지다. 중요한 건 어떻게 살았는가일 뿐이다.

내면이 단순해지면
삶도 단순해진다

아무런 노력도 투쟁도 없이 이런 관점에 도달할 수 없음은 두말할 나위가 없다. 단순한 정신은 물려받는 재산이 아니라 노력해서 얻어 내는 결과다.

생활은 검소하게, 생각은 고상하게 하는 비법은 바로 간소화에 있다. 과학이 다양한 사례들로 빼곡한 함에서 몇 가지 일반적인 규칙을 도출해 내는 학문이라는 사실은 누구나 잘 안다. 하지만 그 규칙들을 발견하기까지는 얼마나 많은 시행착오를 겪어야 하는가!

직선 하나에 담긴 법칙을 간결하게 만들기까지 대개 몇백 년이 걸리기도 한다. 현시점에서 도덕적인 삶은 과학적인 삶과 상당히 유사하다. 도덕적인 삶도 어느 정도 혼란스러운 상태에서 시작해 스스로 노력하고 추구하다가 더러 실수를 하기도 한다. 하지만 열심히 행동에 옮기고 진지하게 자신의 행위를 깨닫는다면 인간은 결국 삶을 더 잘 알게 된다. 그리고 삶의 법칙이 보이기 시작한다. 그 법칙은 바로 이런 것이다. '맡은 바 임무를 다하라.'

이러한 목적과 관계없는 다른 일에 열중하는 사람은 결국 삶의 존재 이유를 잃게 된다. 이기주의자, 쾌락주의자, 야심가들이 그렇다. 그들은 아직 이삭도 패지 않은 밀을 뜯어 먹듯이 존재를 허비한다. 이삭이 영글기를 방해하는 그들의 삶은 혼란에 빠진 삶이다. 반대로 고차원적인 행복에 도움이 되는 삶을 사는 이들은 목숨을 바쳐 그 삶을 구하는 셈이다.

겉으로 보기에 도덕규범은 삶에 대한 우리의 열정을 망치려고 만들어진 듯하다. 그 규범들의 목적은 결국 하나다. 우리가 쓸모없는 삶을 살아 불행해지지 않도록 막는 것. 그래서 도덕규범들은 끝없이 우리를 같은 방향으로 이끌며 한결같은 의미를 지닌다. 네 인생을 헛되이 낭비하지 말고 열매를 맺도록 하라. 낭비 없이 기꺼이 내어 주는 법을 배워라. 여기에 인류의 경험이 모두 요약되어 있다.

이런 경험은 인간이라면 누구나 자신을 위해서 되풀이할 수밖에 없으며, 값진 대가를 치를수록 더욱 귀해진다. 경험을 통해 식견이 더해진 도덕적 행동은 더욱 확신에 차게 되고, 제자리를 찾아가는 방향 결정 수단과 내적인 규범이 생겨, 불확실하고 혼란스럽고 복잡하던 사람이 간단명료해진다. 내면에서 점점 커져 실제로 매일 확인되는 이 법칙에 지속적인 영향을 받아 판단과 습관에 어떤 변화가 일어난다.

일단 진정한 삶의 아름다움과 위대함에, 진실과 정의 그리고 선의를 지키려는 인류의 성스럽고 감동적인 투쟁에 매료되면 오랫동안 그 매력이 마음속에 남는다. 쉽게 가시지 않는 그 강렬한 매력에 비해 점점 모든 것이 하찮게 여겨진다. 권력과 힘의 필연적인 위계도 그런 식으로 조직된다. 본질은 지휘하고 부속물은 복종한다. 그런 단순함에서 질서가 생겨난다.

내적인 삶의 역학은 군대의 역학과 견줄 수 있다. 군대는 규율을 통해서 강해지고, 그 규율은 하위 계급이 상위 계급을 존중하고 서로 하나의 목적을 향해 함께 전력을 집중할 때 만들어진다. 규율이 느슨해지면 군대는 곧바로 타격을 받는다. 하사가 장군에게 명령

"

인간은 자신이 원하는 존재방식에
가장 큰 관심을 기울일 때,
아주 솔직하게
그저 한 인간이고 싶을 때
가장 단순하다.

"

을 내려선 안 된다. 우리의 삶과 다른 이들의 삶, 그리고 사회생활을 세심히 관찰해 보자. 뭔가가 잘못되거나 삐걱댈 때, 그리고 분규나 무질서가 발생할 때는 번번이 하사가 장군에게 명령하는 것처럼 질서가 무너지는 일이 발생한다. 그러나 단순함의 법칙을 제대로 이해하면 혼란은 곧 사라진다.

단순함을 제대로 설명하겠다는 기대는 하지도 않는다. 세상의 모든 힘과 아름다움, 진정한 기쁨, 위안을 건네고 희망을 키우는, 우리의 어둑한 오솔길에 희미한 빛을 밝혀 주는 모든 것, 우리의 빈곤한 삶을 통해 어떤 숭고한 목적과 창대한 미래를 예측하게 해 주는 그 모든 것이 단순한 존재들에게서 오기 때문이다. 일시적인 이기심과 허영을 충족하기보다는 다른 갈망의 대상을 정하여 자신의 삶을 기꺼이 바치는 것이 바로 삶의 기술임을 깨달은 사람들로부터 말이다.

3

단순한
생각

La vie
simple

생각부터 먼저
정리되어야 한다

삶에 대한 실질적인 표현들뿐만이 아니라 생각의 영역도 정리될 필요가 있다. 머릿속이 혼란스러워지면 자신이 있는 위치도, 나아갈 방향도 알지 못한 채 무한하게 촘촘히 얽히고설킨 가시덤불 속에서 길을 잃고 배회하기 때문이다.

인간은 일단 자신에게 어떤 목적이 있음을, 그리고 그 목적이 인간이 되는 것임을 인정하고 나면, 그에 따라 적절히 생각을 정비한다. 또 자신을 더 낮고 강하게 만들어 주지 않는다고 생각되거나 이해되고 판단되는 방식은 모두 해롭다고 여기며 밀쳐 낸다.

무엇보다 인간은 생각을 즐기는 데 지나치게 모순되는 점은 멀리하려고 한다. 생각은 전체적으로 기능을 갖는 진지한 도구이지 장난감이 아니다.

화가의 작업실을 예로 들어 보자. 도구들은 모두 제자리에 놓여 있다. 어느 모로 보나 그 모든 수단이 달성해야 할 목적을 위해 배치되어 있음을 알 수 있다. 그런데 그 작업실에 원숭이들이 있다고 가정해 보자. 원숭이들은 작업대 위를 기어오르고, 끈에 매달리고, 천을 몸에 휘어 감고, 슬리퍼를 머리에 뒤집어쓰고, 붓을 들고 손재주를 부리고, 물감을 맛보고, 그림 뒤에 뭐가 있나 보려고 화포를 뚫을 것이다. 그런 식의 활동을 무척 흥미로워할 게 분명하다. 하지만 화가의 작업실은 원숭이들을 풀어놓는 곳이 아니다. 마찬가지로 생각 역시 곡예를 펼치는 영역이 아니다.

인간이라고 불릴 만한 가치가 있는 인간은 있는 모습 그대로, 마음이 끌리는 그대로 생각한다. 그런 사람은 온 마음을 다해 진지하게 생각하지 쓸모없고 변덕스러운 호기심에 이끌리지 않는다. 뭐든 보고 알아야겠다며 자칫 호기심에 이끌렸다가는 결코 깊고 진실한 감정을 경험하지 못한 채 올바른 행동을 하지 못할 우려가 있다.

인위적인 삶에 흔히 따라붙는, 우리가 서둘러 고쳐야 할 또 다른 습관은 시도 때도 없이 자기 자신을 살피고 분석하는 강박관념이다. 그렇다고 내면을 관찰하고 의식을 분석하는 일에 무관심해야 한다는 얘기는 아니다. 오히려 정신 자세와 행동 동기를 분명히 이해하려는 노력이야말로 올바른 삶의 본질적인 요소다.

그러나 자신의 삶과 생각을 끊임없이 경계하며 관찰하고 자기 자신을 마치 기계 부품처럼 분해하는 강박관념은 이와 사뭇 다르다. 그것은 시간을 낭비하고 자기 자신을 해치는 일이다. 더 잘 걸을 채비를 한답시고 보행 방법부터 꼼꼼하게 점검하는 사람은 한 걸음도 떼기 전에 삐끗하기 십상이니까.

'걷는 데 필요한 건 이미 다 갖추고 있으니 그냥 앞으로 가라! 넘어지지 않도록 조심하고 분별력 있게 힘을 사용하라.' 까탈을 부리며 미적대는 사람들이나 지나치게 조심성 많은 장사꾼들은 결국 아무 일도 하지 못한다. 우리는 그저 인간이 자아도취에 빠져서 살아서는 안 된다는 사실을 알 정도의 상식만 있으면 된다.

우리의 생각보다
삶 자체가 더 소중하다

상식이라 부르는 것 또한 예전의 미풍양속만큼이나 드물어졌다고 생각하지 않는가? 상식도 이제는 구닥다리가 되었다. 그래서 뭔가 새로운 것이 필요하다며 공연히 긁어 부스럼을 만든다. 미천한 서민들은 감히 구하지 못할 세련된 삶을 꾸며 내야 남들과 구별되는 달콤함을 만끽할 수 있으니까. 갖고 있는 수완을 적절히 활용할 줄 아는 소탈한 인간이 되는 대신에 기상천외하게 독특해지려 한다. 단순하게 직선을 따라가느니 차라리 탈선을 택하고 만다!

신체적으로 나타나는 어지간한 변형과 기형은, 혹이나 접질림 또는 탈골 증상처럼 정형외과에서 치료되어야만 하는 상태로 간주된다. 이와 마찬가지로 탈선은 상식에서 벗어날 요량으로 스스로 해를 입히는 행동에 불과하다. 결국 우리는 우리 자신을 변형시키는 일에는 반드시 대가가 따른다는 사실을 뼈저리게 깨닫게 된다.

새로움은 결국 일시적이다. 영원히 평범한 것은 있을지언정 영원히 지속되는 것은 없다. 평범함을 벗어난다는 것은 아주 위태로운 모험이다. 다행스럽게도 이 환상에서 깨어나는 사람은 다시 단순해질 줄 아는 사람이다.

평범한 상식은 흔히 상상하듯이 먼저 온 사람이 당연히 차지하는 소유물도, 아무짝에도 쓸모없는 평범하고 하찮은 보따리도 아니다. 비유하자면 흡사 대중의 마음속에서 우러난 듯 오래되었지만 두고두고 사랑받는 작자 미상의 대중가요와도 같다. 상식은 수백 년의 노력을 통해 시나브로 힘겹게 쌓인 자산이다. 무언가를 잃어 본 사람만이, 혹은 무언가를 잃었던 다른 이들의 삶을 지켜본 사람만이 그 가치를 알 수 있는 순수한 보물이다. 상식을 갖고 유지하기 위해서라면, 통찰력 있는 시각과 옳은 판단력을 얻기 위해서라면, 어떤 노력도 아깝지 않다는 게 나의 개인적인 생각이다.

칼은 망가지거나 녹슬지 않도록 잘 보관해야 하는 법. 하물며 자신의 생각에 주의를 기울여야 하는 것은 더 말할 나위가 없다.

하지만 분명히 이해해야 할 점이 있다. 상식에 호소하는 일은 현실적인 생각, 즉 볼 수도 만질 수도 없는 모든 것을 부정하는 편협한 실증주의에 빠져드는 일과는 사뭇 다르다. 인간이 물질적인 감각에 빠져들거나 내면세계의 고고한 실재를 잊기 바라는 것 또한 상식이 부족하기 때문이다.

우리는 지금 인류의 가장 큰 문제들이 논의되는 정곡을 짚고 있다. 실제로 우리는 인생관을 얻기 위해 고군분투하며 숱한 어둠과 고통 속을 헤맨다. 그리고 정신적인 실체와 관계된 모든 것은 나날이 더 불안해진다. 생각이 중대한 위기를 맞을 때 느끼는 심각한 당혹감과 일시적인 혼란 속에서 몇 가지 간단한 원칙들로 궁지를 모면하기란 그 어느 때보다도 어려운 듯하다.

그렇지만 늘 그래 왔듯이 궁하면 통하는 법. 인생 계획이란 결국 지극히 간단하고, 삶 자체는 너무도 당당하고 위압적이다. 어느 누구도 삶을 이해하려고 애쓰는 동안 그들이 살아가는 삶을 미룰 수는 없다. 우리가 삶에 대해 떠올리는 어떤 생각보다도 삶 그 자체가 먼저라는 말이다.

우리의 철학과 이성, 믿음은 어디서나 현실과 마주치기 마련이다. 차마 반박할 수 없는 이 놀라운 현실은 우리가 이성으로 삶을 추론하며 철학적인 사유가 끝나기 전까지 섣불리 행동에 옮기지 못할 때 자연스럽게 섭리를 따르도록 해 준다. 이는 인간이 자신의 길에 회의를 품더라도 세상이 멈추지 않도록 해 주는 고마운 필연이다. 하룻밤 나그네 신세인 우리는 미처 예상치 못한 어떤 거대한 움직임에 휩쓸려 따라간다. 그 움직임을 전체적으로 파악하지도 궁극적인 목적을 간파하지도 못한 채 거기에 동참해 이바지해야 한다. 그 길에서 우리가 맡은 몫은 그저 우리에게 주어진 졸병역할을 충실히 완수하는 일이므로 우리의 생각도 이 상황에 적응해야 한다. 우리가 조상들보다 더 힘겨운 시대를 살고 있다는 말은하지 말자. 본래 멀리 있는 것은 잘 안 보이기 마련이고, 옛날에 태어났어야 했다며 투덜대는 사람은 늘 있는 법이니까.

이론의 여지가 별로 없다고 생각되는 부분은 이런 것이다. 태초부터 지난 시대를 명확하게 보기란 늘 힘들었다는 사실. 언제 어디서나 바르게 생각하기란 늘 어려웠다. 그 점에선 옛날 사람이라고해서 현대인들에 비해 별반 나을 게 없다. 마찬가지로 사람들 사이에도 아무 차이가 없다. 복종을 하든 명령을 하든, 가르치든 배우든, 펜을 잡든 망치를 잡든, 인간은 누구나 똑같이 진실을 파악해야 한다.

물론 인류가 진보하면서 얻은 어떤 깨달음들은 지극히 유용하다. 그러나 한편으론 그 깨달음 때문에 인간의 문제들이 수적으로나 양적으로나 확대되기도 한다. 어려움은 결코 사라지지 않고, 여전히 지성은 장애에 부딪친다. 미지의 것이 우리를 지배하고 사방에서 우리를 죄여 온다. 하지만 갈증을 해소하기 위해 샘물을 모조리 마실 필요가 없듯이 살기 위해서 모든 걸 알 필요는 없다. 인류는 몇 가지 기본적인 '비축 식량'이면 살 수 있고, 또 늘 그렇게 살아왔다.

'단순한 믿음'으로
살아가기

이제 그 몇 가지 '비축 식량'에 대해 이야기할까 한다. 우선, 인류는 믿음으로 살아간다. 그렇게 살아가면서 의식적인 사고 범위 안에 깊이 감춰져 있던 모든 존재의 본성을 드러낼 뿐이다.

세상은 변하지 않고 지적으로 구성되었으리라는 흔들리지 않는 믿음은 존재하는 모든 것 속에 잠재해 있다. 꽃과 나무와 짐승은 깊은 평온 속에 완전히 안정된 상태로 살아간다. 떨어지는 빗속에, 깨어나는 아침 속에, 바다로 내달리는 시냇물 속에는 어떤 확신이 있다. 존재하는 모든 것은 이렇게 말하는 듯하다. "나는 존재한다, 고로 존재해야 한다. 여기에는 합당한 이유가 있으니, 안심하라."

인류 또한 믿음으로 살아간다. 인류가 존재한다는 사실만으로 인간은 자신의 존재에 대한 충분한 이유를, 믿음의 증거를 품고 있다. 인류는 자신이 존재하기를 바랐던 신의 뜻을 믿는다. 괜한 일로 믿음이 깨지지 않도록 하고, 믿음을 키워 더욱 개인적이고 확실하게 만드는 일이야말로 우리의 생각이 제일 먼저 노력해야 하는 일이다. 믿음을 키우는 일이라면 무엇이든 좋다. 그 믿음에서 차분한 활력, 침착한 행동, 삶과 유익한 노동에 대한 애착이 생기기 때문이다.

근본적인 믿음은 참으로 불가사의한 원동력이어서 우리에게 있는 모든 힘을 작동시킨다. 우리의 자양분이 된다. 인간이 살아가는 힘은 밥보다는 믿음이다. 그래서 그 믿음을 뒤흔드는 것은 무엇이든 나쁘다. 그것은 음식이 아니라 독이다.

삶의 현실 자체가 잘못되었다고 비난하는 사고체계는 위험하다. 금세기에는 삶이 잘못 평가되는 일이 너무 많았다. 뿌리에 부식제를 뿌렸더니 나무가 시들었다면 놀랄 일이 뭐가 있겠는가? 그런데 그런 부정적인 생각과는 완전히 대립되는 아주 단순한 생각이 있다. 만약 자신의 삶이 형편없다고 가정해 보자. 그렇다면 형편없는 인생을 구제할 방법으로는 무엇이 있을까? 맞서 싸워 없앨 수는 있을까?

물론 인생을 없애라고, 자살하라고 권하는 건 아니다. 그런다고 우리에게 무슨 도움이 된단 말인가? 비단 인간의 삶만이 아니라 삶 자체를 없애라니. 불행을 향해 달려든다는 생각에 깊이 감춰진 삶의 토대를, 빛을 향해 치솟는 존재의 모든 비상을 없애라니. 광

막힘 사이로 전율하는 삶의 의지를, 그리하여 삶의 원천을 없애라니. 과연 그렇게 할 수 있을까?

천만에. 그럴 수 없다면 차라리 마음을 편하게 갖자. 아무도 삶을 억제할 수 없는데 공연히 다른 사람들까지 삶을 싫어하게 만들지 말고 차라리 존중하고 활용하는 방법을 배우는 편이 낫지 않을까? 어떤 음식이 건강에 해롭다는 사실을 알게 되면 그 음식을 먹지 않는다. 마찬가지로, 어떤 사고방식이 우리에게서 믿음과 기쁨 그리고 힘을 빼앗는다면 과감히 버려야 한다. 정신에 지독히 해로운 양식일 뿐만 아니라 잘못된 일임이 분명하니까.

사람에게 인간적인 생각보다 진실한 것은 없고, 비관론만큼 비인간적인 것도 없다. 게다가 비관론은 논리만큼이나 겸손도 부족하다. 삶이라 불리는 이 경이로운 것을 형편없다고 여기려면 가장 밑바닥에 있는 기본을 경험했을 정도로 잘 알고 있어야 한다. 그러니 이 시대의 잘난 비관론자들의 태도는 얼마나 유별난가! 마치 이 세상이 오래전 젊은 시절에 자신들이 실수로 잘못 만든 피조물이기라도 한 양 후회하는 것처럼 굴고 있으니 말이다.

몸은 음식들로 영양을 보충하고, 영혼은 기운을 북돋워 주는 생각들로 강인하게 단련하자. 가장 진실한 것이야말로 인간을 가장 강하게 만들어 준다.

"

새로운 것은 결국 일시적이다.
영원히 평범한 것은 있을지언정
영원히 지속되는 것은 없다.
평범함을 벗어나는 것은
아주 위태로운 모험이다.

"

'단순한 희망'으로
살아가기

인류는 믿음뿐만 아니라 희망으로 살아가기도 한다.

희망은 미래를 향해 돌아서는 믿음의 또 다른 형태다. 모든 삶은 어떤 결과이자 바람이다. 존재하는 모든 것은 어떤 출발점에서 시작해 어떤 도착점을 향해 다가간다. 산다는 것은 무언가가 된다는 것이고, 무언가가 된다는 것은 무언가를 바란다는 것이다. 거대한 변화, 그것은 무한한 희망이다. 만물의 근본에는 희망이 있고, 그 희망은 사람의 마음속에서 표출되어야 한다. 희망 없이는 삶도 없다.

우리를 존재하게 해 주는 그 한결같은 힘은 우리가 더 높이 올라가도록 자극한다. 우리가 진보하도록 부추기는 이 뿌리 깊은 본능의 의미는 무얼까? 그 진정한 의미는 다음과 같다. 삶에서 무언가가 생겨나야 한다는 것, 삶 자체보다 더 위대한 어떤 행복이 생성되므로 그 행복을 향해 인생이 서서히 움직인다는 것, 그리고 인간이라는 이름의 씨를 뿌리는 고통스러운 농부에게는 파종을 하는 모든 농부와 마찬가지로 내일을 기대할 필요가 있다는 것이다.

인류의 역사는 곧 꺾이지 않는 희망의 역사다. 그렇지 않았다면 이미 오래전에 모든 것이 끝났을 터다. 무거운 짐을 지고 걸어가기 위해, 어둠 속에서도 길을 헤쳐 나가기 위해, 추락과 폐허를 딛고 다시 일어나기 위해, 죽음 속에서도 스스로를 절대 포기하지 않기 위해, 인류는 언제나 희망하고 때로는 희망이 모두 사라진 것 같은 때에도 간절히 희망해야 했다. 그것이 바로 인류를 지탱해 주는 강심제다. 만약 우리에게 오로지 논리만 있었더라면 진작 이런 결론을 끌어냈을지 모른다. '어디서나 죽음이 결정권을 갖는다. 그리고 우리는 그 생각으로 죽을 것이다.' 하지만 희망이 있기에 우리는 살아가고 삶을 믿는다.

위대한 신비주의 수도사이자 어느 누구보다도 소박하고 훌륭한 삶을 살았던 사람인 수소(Henri Suso, 1295~1366)에게는 감동적인 습관이 하나 있었다. 길에서 가난한 노파를 만날 때마다 공손히 길을 비켜 드리곤 했는데, 그러려면 바퀴 자국으로 패인 진흙 구덩이에 빠지는 일이 다반사였다. 그는 이렇게 말했다.

"내가 그리하는 것은 우리 성모 마리아께 경의를 표하기 위해서입니다."

어떤 모습을 지니고 있든 우리와 마주치는 모든 희망에도 이런 경의를 표하자. 밭고랑을 뚫고 나오는 밀 새싹이나 알을 품어 새끼를 지키는 어미 새, 웅크리고 있다가 다시 일어나 가던 길을 가는 상처 입은 가엾은 짐승, 홍수나 우박으로 크게 피해 입은 밭을 갈구고 씨를 뿌리는 농부, 서서히 손실을 복구하고 상처를 치유하는 나라……. 아무리 겉으로는 보잘 것 없고 병약해 보이더라도 그 희망에 경의를 표하자! 전설 속에서, 꾸밈없는 노래에서, 소박한 민음에서 희망을 만나도 역시 경의를 표하자. 그 또한 결코 사그라들지 않는, 신의 불멸의 자식이기 때문이다.

우리는 감히 충분한 희망을 품지 못한다. 이 시대의 인간에게는 이상한 우유부단함이 있다. 하늘이 무너지면 어쩌나 하는 두려움. 우리 조상들이 품었던 두려움 중에서도 하필 가장 얼토당토않은 두려움을 마음에 물려받았다. 물방울이 바다를 두려워하랴? 빛줄기가 태양을 두려워하랴? 그런데 노파심이 지나친 나머지 이런 지경에 이르렀다. 마치 젊은 학생들의 유쾌한 장난이나 젊은이다운 열정에 욕지거리를 퍼붓는 퉁명스러운 늙은 교사들과 같은 모습이 되었다.

이제 다시 어린아이가 되어, 우리를 둘러싼 신비 앞에서 눈을 커다랗게 뜨고 경건하게 두 손을 모으는 법을 배워야 할 때다. 그동안 배운 지식과 상관없이 우리가 아는 바가 거의 없으며 세상이 우리 생각보다 훨씬 크다는 사실을 상기시킬 때다. 너무도 경이로운 이 세상은 우리가 알지 못하는 무수한 자원들을 비축하고 있을 테니, 섣불리 경솔했다고 자책하는 대신 아직은 더 믿고 희망해도 될 터다.

그러니 채권자가 갚을 능력이 없는 채무자 대하듯 세상을 다루지 말자. 다시 용기를 북돋워 희망의 성스러운 불꽃을 다시 지펴야 한다. 내일도 태양은 뜨니까, 대지에는 다시 꽃이 피니까, 새는 다시 둥지를 틀 테니까, 어머니는 자식을 향해 미소를 지어 주니까. 인간으로서 용기를 갖고 나머지는 별들을 헤아렸던 그분께 맡기자.

나는 이 환멸의 시대에 낙담하고 있는 누군가에게 들려줄 열정적인 말을 떠올리고 싶다. 용기를 내고 희망을 좀 더 가져 보라. 대담하게 행동하는 사람은 미혹되지 않는 사람이다. 꾸밈없는 희망이 이성적인 절망보다 더 진실하다.

'단순한 선량함'으로 살아가기

인류의 길 위에 비치는 또 하나의 빛의 원천은 선량함이다.

나는 사람이 본성적으로 선하다고 믿거나 사회가 인간을 타락시킨다고 가르치는 편은 아니다. 악의 온갖 형태 중에서도 제일 무시무시한 악은 오히려 유전적인 형태를 띠고 있다. 그런데 이따금 피를 통해 전해지는 악, 비열한 본능으로 오염된 그 오랜 바이러스, 우리가 과거로부터 물려받는 그 수많은 속박들이 어째서 우리를 이기지 못했는지 궁금하지 않은가. 어쩌면 다른 무언가가 있는지도 모른다. 그렇다면 그것은 바로 선량함일 터다.

우리의 머리 위, 한정된 이성 위를 떠도는 미지의 세계가 있다고 가정해 보자. 그러면 운명과 상반되는 불안한 수수께끼, 거짓말, 증오, 부패, 고통, 죽음은 뭐라고 할 수 있을까? 그것은 무엇을 하는 걸까? 이렇게 모인 온갖 질문들에 어떤 위대하고 신비로운 음성은 이렇게 답한다. '착하게 살아라.'

선량함은 믿음과 희망처럼 신성한 것이어야 한다. 아무리 많은 세력들이 맞서더라도 선량함은 죽을 수 없다. 선량함은 인간 내면의 야수라 불리는 타고난 잔인성과 맞서야 한다. 교활함, 폭력, 이기심 그리고 무엇보다도 배은망덕과 맞서야 한다. 선량함은 어떻게 그 음흉한 적들 한가운데를 털끝 하나 닿지 않고 무사히 통과하는 걸까? 마치 전설의 성스러운 예지자가 울부짖는 맹수들 사이를 유유히 지나듯이 말이다.

이는 그 적들은 지상에 있고 선량함은 천상에 있기 때문이다. 제 아무리 뿔이나 이빨, 발톱을 드러내고 살기 어린 눈빛을 번득여도 그들을 피해 드높이 솟구쳐 오르는 재빠른 날갯짓 앞에서는 속수무책이기 때문이다. 그렇게 선량함은 적들의 공격을 피한다. 심지어 박해하는 사람들을 보란 듯이 물리치고 멋진 승리를 거둘 때면 거친 야수들은 온순해져 발밑에 엎드려 복종하기도 한다.

기독교인의 믿음 중 가장 숭고한 가르침이자, 인간적인 기독교인에게 가장 깊은 감동을 주는 믿음은 이런 것이다. 즉, 길을 잃은 인류를 구하기 위해 보이지 않는 하느님이 인간의 모습으로 우리 중에 오셔서 머물다가 자신의 모습을 드러내고자 했을 때의 유일한 징표는 바로 '선량함'이라는 믿음이다.

불행한 사람들이나 사악한 사람들조차 치유하고 위로하며 따스하게 어루만져 주는 선량함은 더 낮은 곳에 빛을 밝힌다. 선량함은 맑게 정화하고 단순하게 한다. 선량함은 가장 보잘 것 없는 부분을 택해서 포용한다. 상처를 감싸 주고, 눈물을 닦아 주고, 고통을 가라앉혀 주고, 아픈 가슴을 달래 주고, 용서하고 화해시킨다.

그런가 하면 우리가 가장 필요로 하는 것도 역시 선량함이다. 우리는 유익하면서도 단순하고 인간의 운명에 가장 부합하는 최상의 생각을 궁리한다. 그 방법은 이런 말로 요약된다. '믿음과 희망을 갖고 착하게 살라.'

고매한 사변으로 찬물을 끼얹고 싶지도 않고, 알지도 못하는 남의 문제에, 철학이나 과학의 방대한 심연에 관심을 갖겠다면 굳이 말릴 생각은 없다. 하지만 언제나 그 머나먼 여행 끝에는 우리가 있는 지점으로, 대개는 겉으로 드러나는 결과를 얻지 못한 채 제자리걸음을 하고 있는 곳으로 돌아가야 한다.

세상에는 제아무리 뛰어난 학자나 사상가라도 무지한 자들과 똑같이 제대로 보지 못하는 삶의 조건들이나 사회 문제들이 있다. 요즘 시대에는 특히 이런 상황들을 자주 맞닥뜨린다. 우리의 방법을 따르는 이는 조만간 그 방법의 훌륭한 가치를 반드시 깨닫게 될 터다.

훌륭한 종교란
무엇인가

　　조금 전에 내가 종교적인 영역을 뭉뚱그려 언급해서 아마도 누군가는 어떤 종교가 가장 훌륭한지 간략하게 몇 마디로 말해 달라고 할지도 모른다. 이제 그 주제에 관해 간단히 설명해 볼까 한다.

　질문을 바꿔 훌륭한 종교란 어떤 것인지부터 먼저 생각해 보자. 종교는 저마다 명확한 특징과 고유의 장단점을 갖고 있어서 서로 엄밀히 비교해 볼 수 있다. 그런데 그 비교에는 언제나 본의 아니게 선입관이나 편파성이 섞이기 마련이다. 그러므로 이렇게 묻는 편이 낫다. 나의 종교는 좋은가? 그리고 나는 그 종교의 어떤 점이 좋은지 알 수 있는가?

　이 질문에 대한 대답은 이렇다. 그 종교가 생기 있고 활동적이라면, 우리에게 존재의 무한한 가치와 믿음, 희망, 선량함의 느낌을 함양한다면, 그 종교는 훌륭하다. 그리고 그 종교는 우리 자신의 가장 나쁜 부분에 맞서서 가장 좋은 부분을 지지해 주어야 하고, 끝없이 새로운 인간이 되어야 할 필요성을 보여 주어야 한다. 또한 고통이 구세주임을 이해하도록, 다른 이들의 양심을 더 존중하도록, 보다 쉽게 용서하도록, 거만해지지 않고 행복을 느끼도록, 주어진 의무를 더욱 소중히 대하도록, 저승을 널 어둡게 느끼도록 해 주어야 한다. 만일 그렇다면 그 종교는 어떤 이름을 갖고 있든 상관없이 훌륭하다. 아무리 미개해 보인다 해도 올바른 근원에서 발생하여 그 의무를 다한다면 우리를 인간과 신에게 연결시켜 준다.

그런데 혹시라도 그 종교가 우리를 다른 사람들보다 우월하다고 여기게 하거나, 성서의 구절에 대해 궤변을 늘어놓게 하거나, 인상을 찌푸리게 하거나, 타인의 의식을 지배하게 하거나 우리의 의식을 속박시키거나, 조심성을 둔화시키거나, 유행이나 이해관계를 따져 종교적인 형식을 숭배하게 하거나, 사후에 받을 벌을 피할 요량으로 선행을 하게 만들지도 모른다. 그렇다면 우리가 내세우는 인물이 부처든 모세든 마호메트든 그리스도든 상관없이 우리를 인간과 신에게서 갈라놓는 그 종교는 아무런 가치도 없다.

어쩌면 나도 그런 말을 할 자격은 없을지 모른다. 그런데 나보다 훨씬 위대한 인물들 중 나보다 앞서 말한 이들이 있었다. 특히 그 중에는 질문하기 좋아하는 율법학자에게 착한 사마리아인의 우화를 들려준 분이 있었다. 나는 그분의 권세를 방패로 삼는다.

4

단순한
말

La vie
simple

말을 의심하기 시작하면
삶이 복잡해진다

말은 영혼을 드러내는 탁월한 도구이자 영혼이 제일 먼저 모습을 갖추는 첫 번째 형태다. 말은 생각하는 대로 나오는 법이다. 인생을 단순하게 개선하려면 말과 글을 조심해야 한다. 말은 생각처럼 단순하고 꾸밈없으며 확실하다. 그러니 '올바르게 생각하고, 솔직하게 말하라!'

사회관계는 기본적으로 서로에 대한 믿음으로 이루어지고, 이 믿음은 각자의 진실함으로 유지된다. 진실함이 줄어드는 순간부터 믿음은 변질되고 관계는 손상되며 불안감이 번진다. 이는 물질적인 이해관계나 정신적인 이해관계의 영역에서도 모두 사실이다. 끊임없이 의심하는 사람들과는 장사나 사업을 하기도 힘들고, 과학적 진실을 찾거나 종교적 합의를 도모하거나 정의를 실현하기도 역시 못지않게 힘들다.

우선은 각자가 자신의 말과 그 의도를 잘 다스려야 한다. 소리나 글로 말해지는 모든 것이 진실이 아니라 우리를 미혹하려는 의도가 있다고 가정하면 삶은 터무니없이 복잡해진다. 요즘 우리의 경우가 그렇다. 능수능란하게 서로 속이느라 혈안이 된 교활한 수완가들이 너무나 많아서, 저마다 가장 간단하면서도 중요한 정보를 얻기가 그토록 힘이 든다. 이 정도면 내 생각은 충분히 밝힌 듯하니, 이제 각자의 경험을 예로 들어 돌이켜 보면 쉽게 납득이 가리라 생각한다. 이 점에 관해서 몇 가지 사례로 내 주장을 뒷받침해 볼까 한다.

언론의 복잡한 말은
사람들을 서로 불신하게 만든다

예전에는 사람들 사이의 의사소통 수단이 제한되어 있었다. 정보를 얻을 수완을 개선하고 늘려야 더 잘 이해할 수 있으리라고 생각하는 게 당연했다. 공동생활과 관련된 부분에 대해 더 많이 알수록 서민들은 서로 더 잘 알게 되어 사랑하는 법을 배우고, 한 국가의 국민들은 더 긴밀한 동포애를 느낄 줄 알았다.

인쇄 기술이 생겼을 때 사람들은 이렇게 외쳤다. "빛이 있으라 (Fiat lux)!" 책 읽는 습관과 일간지를 구독하는 취향이 널리 확산되었을 때는 더 말할 나위도 없었다. 사람들은 당연히 이렇게 생각했다. 빛이 두 개면 하나일 때보다 더 환할 테고, 여럿이면 둘일 때보다도 더 환할 거라고. 일간지와 책이 많아지면 세상이 어떻게 돌아가는지 더 잘 알 수 있을 테고, 후대에 역사를 쓰고자 하는 사람들은 자료를 충분히 손에 넣을 수 있어서 더 행복할 거라고. 이보다 자명한 건 없는 듯했다.

그런데 아쉽게도 그건 어디까지나 도구의 속성과 위력을 근거로 한 추측이었을 뿐이다. 그들은 가장 중요한 인간적 요소는 미처 계산에 넣지 못했다. 생각에 가지를 쳐서 널리 퍼뜨리는 온갖 수단을 한껏 활용한 이들은 사실 궤변가들, 교활한 사람들, 중상모략가들, 그리고 누구보다도 말과 글을 능란하게 다루는 입담꾼들이었다.

그 결과, 요즘에는 자신이 살고 있는 시대와 자신과 관련된 일에 관한 진실을 알아내기가 그 어느 때보다도 힘들어졌다. 이웃 국가들에 중립적으로 정보를 제공하고 그 국가들을 아무 저의 없이 연구하며 국제적으로 우호 관계를 유지하려 노력해야 하는 일간지 중에서 오히려 불신과 중상모략을 유포하는 것들이 얼마나 많은지 모른다.

유언비어와 함께 사실이나 말에 대한 악의적인 해석을 유포하는 작위적이고 위험한 여론의 움직임은 또 얼마나 많은가. 국내 문제라고 해서 외국 문제보다 더 잘 알지도 못한다. 상업이나 산업 또는 농업적 이익에 대해서도, 정당이나 사회적 경향에 대해서도, 공무원들의 인사에 대해서도 공정한 정보를 얻기란 역시 쉽지 않다. 그래서 신문을 많이 읽을수록 문제를 명확하게 보기가 오히려 더 힘들다.

그러다 보니 독자는 신문을 전부 읽고 나서 그 말을 곧이곧대로 믿고는 다음과 같은 결론을 낼 수밖에 없다. 결국 세상에는 부패한 사람들밖에 없고 청렴한 사람들이라곤 몇몇 시사평론가들밖에 없구나 하고.

그런데 그 결론은 이제 남은 이들에게도 해당한다. 시사평론가들도 서로 못 잡아먹어 안달이라는 얘기다. 독자들은 '뱀들의 싸움'이라는 제목이 붙은 만화와 비슷한 광경을 보게 된다. 뱀 두 마리는 주변 모든 것들을 집어삼킨 뒤 서로 공격하여 잡아먹는다. 그리고 그 싸움터에는 꼬리 두 개만 달랑 남게 된다.

당혹스러운 건 일반 사람들뿐만이 아니라 교양 있는 사람들도 마찬가지다. 세상 전부라 해도 과언이 아닌, 정치, 금융경제, 심지어 과학, 예술, 문학, 종교 곳곳에서 위선, 속임수, 배후조종 등이 난무한다. 대중 보급용 진실과 전문가용 진실이 따로 있다. 같은 자리에 있더라도 십인십색 저마다 속셈이 다 다르니 다들 속을 수밖에. 그러니 아무리 교묘하게 다른 이들을 속이는 사람들이라 할지라도 결국 언젠가 타인의 정직함을 믿어야 할 때가 되면 그들 역시 속게 된다.

그런 관례가 지속되다 보면 결국 인간이 하는 말의 가치는 하락하게 된다. 하다못해 말을 야비한 수단으로 사용하는 사람에게도 그 가치는 떨어지기 마련이다. 토론하거나 트집 잡기 좋아하는 사람, 궤변가, 늘 제 말만 옳다며 노발대발하거나 자신의 관심사만 대단한 줄 아는 거만한 이가 하는 말치고 귀담아들을 만한 말은 하나도 없다. 그들도 결국 벌을 받게 된다. 남들을 판단할 때 들이대는 잣대가 결국은 자신에게 되돌아오는 벌 말이다.

그들은 '득이 되는 것을 말하되 진실은 말하지 마라.'라고 말한다. 그들은 이제 아무도 신뢰하지 못한다. 글을 쓰거나 말을 하거나 가르치는 일을 업으로 삼는 사람들에게는 참으로 안쓰러운 정신 상태가 아닐 수 없다. 청중이나 독자를 얼마나 얕잡아 보면 그런 식으로 다가간다는 말인가! 정직함이라는 자산을 간직한 이에게는, 입이나 펜을 함부로 놀려 믿음으로 가득한 순박한 사람들을 속이려는 경솔한 빈정거림만큼 불쾌하기 짝이 없는 건 없다. 한편으로는 자연스러움, 솔직함, 교양에 대한 욕심을 갖고 있으면서 다른 한편으로는 대중을 조롱하는 교활함이란!

그런데 그 거짓말쟁이는 자신이 얼마나 단단한 착각에 빠져 있는지 감히 짐작도 하지 못한다. 그가 살아가는 자산은 믿음이다. 대중의 믿음에 필적할 만한 건 결코 없기 때문이다. 단, 배신당했다는 사실을 깨닫고 나서 그 믿음이 불신으로 바뀌지만 않는다면.

순박함을 등쳐먹으려는 사람들을 대중이 잠시 따를 수는 있다. 하지만 그러다가도 그 호의적인 기분이 반감으로 바뀌고 나면, 활짝 열려 있던 문으로 감정이라고는 찾아볼 수 없는 냉랭한 얼굴만 보일 뿐, 한때 주의를 기울이던 두 귀는 굳게 닫히고 만다. 안타깝게도 대중은 그렇게 악에 대해서만이 아니라 선에 대해서마저 마음을 닫아건다.

말을 비틀어 꼬고 타락시키는 이들의 죄가 바로 여기에 있다. 그들은 믿음을 송두리째 뒤흔든다. 사람들은 통화 가치 하락, 금리 하락, 신용 파산 앞에서는 큰일이라도 난 양 질겁한다. 하지만 이보다 더 큰 불행은 정직한 사람들이 서로 주고받던 믿음과 도덕적 신뢰가 무너지고, 말이 진짜 화폐처럼 돌고 도는 일이다. 제대로 된 돈마저 의심하게 만드는 화폐 위조자, 투기꾼, 부패한 금융가가 없어져야 하듯 펜과 말을 날조하는 사람도 없어져야 한다. 그들 때문에 아무것도 믿을 수 없어지고, 말이나 글로 표현된 것들이 한 푼의 가치도 없어지기 때문이다.

각자가 말과 글을 조심스럽게 다듬고 단순함을 열망하는 일이 얼마나 다급한지 이제 짐작 가리라 생각한다. 이제 더는 의미를 왜곡하거나, 에둘러 말하거나, 말을 일부러 뭉뚱그리거나 둘러대는 일은 없어야 한다! 그런 말은 모두 복잡하고 혼란스러운 상황을 만들 뿐이다.

인간답게 신의 있는 말을 하자. 한 시간만 솔직하게 살아도 교활하게 살아온 몇 년보다 세상을 더 많이 구원할 수 있다.

백 마디 말보다
한 가지 행동

이제, 국민적으로 공통된 편향에 대해, 그리고 말과 글을 맹신하는 사람들에게 한마디 할까 한다.

물론 맵시 있고 고상한 말과 글을, 독서를 높이 평가하는 사람들을 나무라는 건 아니다. 하지만 아무리 할 말을 한다 해도 도가 지나쳐선 안 된다고 생각한다. 아무리 최고의 말과 글로 표현했다 해도, 그 내용까지 세심하게 준비되었다고 할 수는 없다. 모름지기 말은 사실을 보조해야지 사실을 대신하거나 지나치게 윤색한 나머지 그 사실을 잊히게 해선 안 된다. 단순한 말로 많은 것을 얻는 일이야말로 가장 위대하다. 있는 그대로의 모습을 가장 잘 드러내기 때문이다. 본연의 모습에 속이 훤히 비치는 감언이설이라는 베일을 드리워서는 안 되고, 진실에 너무나 치명적인 허영이라는 그림자를 덮씌워서도 안 된다.

단순함보다 강하고 설득력 있는 것은 아무것도 없다. 여느 아름다운 시대보다 더 훌륭하게 해석되어 신성한 감동, 잔인한 고통, 위대한 헌신, 정열적인 열정을 전해 주는 눈길 하나, 몸짓 하나, 외마디 소리가 있다. 인간이 가슴속에 품고 있는 가장 값진 것은 가장 단순하게 그 모습을 드러낸다. 설득력을 얻으려면 진실되어야 하고, 어떤 진실들은 지나치리만큼 능란한 입담이나 목청껏 부르짖는 언변보다 다소 어눌하더라도 단순한 말로 전할 때 더 분명하게 이해된다.

우리 각자의 일상생활에서도 마찬가지다. 다음의 원칙은 도덕적인 삶을 지켜 나가는 데 상상도 할 수 없을 만큼 이롭다. 사적으로나 공적으로나 감정과 신념을 진실하고 간결하고 단순하게 표현할 것, 마음속에 품은 바를 절대 과장되지 않고 충실하게 드러낼 것. 이는 가장 중요한 원칙이니 명심해야 한다.

미사여구가 위험한 것은 말이 스스로 생명력을 지니기 때문이다. 예를 들어 '왕립 재판소'처럼 이름만 남아 있을 뿐 더는 제 기능을 하지 않는 고상한 하인들과 같달까? 제대로 말하고 제대로 쓸 줄만 알면 됐다. 그걸로 충분하다.

말을 하고 나서 직접 행동으로 보여 주는 것보다 더 잘했다며 스스로 만족하는 사람이 과연 몇이나 될까? 그들의 말을 듣는 사람들은 말을 들은 것으로 족하다. 그렇게 삶은 결국은 그럴싸하게 다듬어진 이야기, 근사한 책 몇 권, 괜찮은 연극 몇 편으로 포장될 수도 있다. 거들먹거리며 말만 늘어놓고는 그 일을 좀체 실행할 생각은 없는 사람들처럼.

유능한 사람들이 활동하는 무대에서 평범한 사람들의 영역으로 넘어가 보자. 그 난장판 속에는 마치 말을 하거나 듣기 위해 세상에 태어나기라도 한 양 대책 없이 떠벌리는 무리가 있다. 그들은 고함치고 시부렁대고 거들먹거리며 그렇게 떠들고도 아직도 할 말이 남았다는 듯 요란을 떤다.

가장 말수가 적은 사람이 일을 가장 잘한다는 사실을 모두가 잊고 있다. 빈 수레가 요란한 법이다. 그러니 침묵을 음미하며 즐겨라. 소음을 줄이면 그만큼의 힘을 얻는다.

과장되고 극단적인
말을 쓰지 마라

여기에 이어서 또 관심을 끌 만한 비슷한 주제가 생각난다. 바로 과장된 언어에 대한 이야기다.

한 지방의 주민들을 연구해 보면, 사람들 사이의 기질 차이가 그들이 쓰는 말에도 고스란히 배어 있음을 느낄 수 있다. 냉정하고 차분한 주민들은 주로 애칭, 가벼운 용어들을 사용한다. 반면 좀 더 안정적인 기질을 지닌 사람들은 정확히 사물과 일치하는 올바

"

거장들의 작품이
세월을 초월할 수 있었던 것은
천재성에 단순함이라는 옷을
입힐 줄 알았기 때문이다.

"

른 단어를 사용한다. 하지만 더 먼 곳으로 내려가면, 그곳의 토양과 공기 그리고 포도주의 영향 탓인지 뜨거운 피가 혈관을 타고 흐르는 것 같다. 그래서 걸핏하면 화를 내고 말이 과장된다. 거창한 수식어가 따라붙고 아무것도 아닌 일에 욱해서 격한 표현을 쓴다.

말하는 본새가 기후에 따라 달라지듯 시대에 따라서도 달라진다. 요즘 쓰인 글이나 흔히 하는 말을 과거 다른 시대의 언어와 비교해 보라. 구체제 시대와 혁명기의 언어가 다르고, 지금의 우리가 쓰는 말과 1830년, 1848년 또는 제2제정 때 쓰던 말이 다르다. 일반적으로 언어는 갈수록 더 단순해지는 특색을 띤다. 이제는 예전처럼 장식용 가발도 쓰지 않고, 소맷부리에 레이스 장식이 달린 옷을 입고 글을 쓰지도 않는다. 그런데 우리와 조상들의 중대한 차이가 하나 있다. 그것은 바로 우리가 하는 과장의 근원인 신경과민이다.

병적일 정도는 아니더라도 지나치게 신경이 날카로운 상태에서 하는 말은—신경과민이 더 이상 귀족적인 특권이 아님은 하늘도 안다.—정상적인 상태에서 하는 말과는 느낌이 완전히 다르다. 마찬가지로, 지나치게 흥분한 사람이 자신이 느낀 바를 표현하려고 할 때면 단순한 언어로는 성에 차지 않는다. 일상적인 삶에서나 공적인 삶에서, 또 문학과 연극에서는 차분하고 절제된 언어 대신 극단적인 언어를 택한다. 소설가와 배우가 대중을 자극하고 관심을 끌기 위해 사용한 그 방법은 일상적인 대화에서, 서간체 양식에서,

그리고 무엇보다도 강연에서 흔히 찾아볼 수 있다. 차분하고 균형 잡힌 사람들에 비하면 우리의 말본새는 확연히 다르다. 조상들과 요즘 우리의 필체가 대조적인 것과 마찬가지다. 물론 필기구의 차이라고 둘러댈 수도 있겠지만!

하지만 더 심각한 문제는 우리에게 있다. 마치 불안에 사로잡힌 미치광이들이 갈겨 쓴 글씨 같은 우리의 필체와는 대조적으로 우리 조상들의 필체는 안정적이고 힘이 있었다. 여기서 우리는 너무도 복잡하고 엄청난 에너지를 소비하게 하는 현대 생활의 결과물을 직시한다. 현대 생활은 우리를 초조하고 숨 가쁘고 끝없이 번잡하게 만든다. 그 영향을 받아 우리가 쓰는 말과 마찬가지로 필체도 좀체 마음처럼 되지 않는다.

다시 결과에서 원인으로 돌아가 그 경고가 무엇을 뜻하는지 곰곰이 생각해 보자. 부풀려 말하는 습관에 좋은 점이 뭐가 있단 말인가? 느낌을 사실과 다르게 해석하는 우리는 부풀린 말로 자기 자신과 다른 사람들의 정신을 속일 뿐이다. 과장하는 사람들 사이에서는 제대로 된 이해를 찾아볼 수 없다. 신경질적인 성격, 쓸데없이 격렬한 설전, 신중함이라고는 찾아볼 수 없는 성급한 판단, 과잉교육과 무절제한 사회관계, 이런 것이 바로 극단적인 언어의 폐단이다.

부디 말을 간단히 하자고 이렇게 호소하면서 꼭 이루어졌으면 하는 한 가지 바람이 있다. 나는 문학이 단순해졌으면 좋겠다. 괴팍함에 진저리나게 물려서 지쳐 버린 우리 영혼을 치유하는 최고의 명약으로서. 그리고 사회적 화합의 원천이자 증거로서도.

또한 예술도 단순해졌으면 좋겠다. 우리의 예술과 문학은 부와 교육에서 특혜 받은 소수에 한정되어 있다. 부디 지금부터 내가 하는 말을 오해하지 않길 바란다. 시인들, 소설가들, 화가들이 고지에서 내려와 중턱을 걸으며 평범함에 만족하라는 얘기가 아니다. 반대로 더 높이 올라가라는 말이다. 대중적이라는 것은 서민 계급이라고 칭하기에 적절한 어떤 사회 계층에 부합하는 것이 아니다. 대중적이라는 것은 흔히 보통 사람들이라고 불리는 어떤 특정한 계층의 마음을 끄는 것이 아니라, 모든 사회 계층을 결속시키는 일반적인 것을 뜻한다.

완벽한 예술이 샘솟는 영감의 원천은 인간의 마음 깊숙한 곳, 모두가 평등해지는 삶의 영원한 실체 속에 있다. 그리고 대중적인 언어의 근원은 기본적인 감정을 표현하고 인간 운명의 주요 윤곽을 그리는 단순하면서도 강력한 몇 가지 형태 속에서 찾아야 한다. 그 속에 진실, 힘, 위대함, 불후의 명성이 담겨 있다. 아름다움에 대한 성스러운 열정에 피가 끓어오르며 연민을 느끼고, "세속적인 인간에 대한 증오(Odi profanum vulgus)"라는 경멸에 찬 격언보다 "무리를 불쌍히 여기노라(Misereor super turbam)"라는 인간적인 말을 더 좋아하는 젊은이들의 열정을 고취시키기엔 그런 이상만으로는 충분치 않은 걸까?

나에게는 아무런 예술적 영향력도 없다. 하지만 군중의 한 사람으로서 재능을 타고 난 사람들에게 따끔하게 한마디 하자면 이렇게 말하고 싶다. 세상에서 잊히는 이들을 위해 노력하라. 서민들에게 인정받아라. 그러면 해방과 평정의 작품을 만들리라. 그리고 예전에 세월을 초월한 작품들을 만들어 내던 거장들이 긷던 샘물을 다시 열게 되리라. 그 거장들의 작품이 세월을 초월할 수 있었던 것은 천재성에 단순함이라는 옷을 입힐 줄 알았기 때문이다.

5

단순한
의무

La vie
simple

듣기 싫은 잔소리를 하려고 하면, 아이들은 천연덕스럽게 딴청을 부리며 지붕 위에서 새끼에게 먹이를 주는 비둘기나 길거리에서 말을 학대하는 마부를 보라고 가리킨다. 가끔은 도리어 짓궂게도 거창한 질문을 던져 부모를 곤혹스럽게 만들기도 한다. 이는 모두 골치 아픈 주제로부터 관심을 돌리기 위해서다. 어쩌면 우리도 의무 앞에선 다 큰 아이들처럼 어떻게든 관심을 돌리려 온갖 핑곗거리를 찾는 것은 아닐까.

제일 흔한 핑계로는, 의무가 너무 막연하지는 않은지 자문한다든가 아니면 혹시 의무라는 말 뒤에 선조 대부터 이어져 온 어떤 착각이 숨겨진 건 아닌지 의문을 품는 일을 들 수 있다. 사실 자유가 있어야 의무도 있는 법인데, 자유의 문제는 형이상학적인 영역으로까지 이어지기 때문이다. 자유의지라는 이 중차대한 문제가 해결되지 않는데, 어떻게 섣불리 자유에 대해 논한단 말인가? 이론적으로는 반박할 말이 전혀 없다. 인생이 하나의 이론이라면, 우리가 이 땅에 있는 이유가 우주의 완전한 체계를 다듬기 위해서라면, 자유가 무엇인지를 분명히 밝히고 그 조건과 한계를 정하지 않는 한, 의무에 신경 쓰는 일 자체가 터무니없는 일일 터다.

하지만 인생을 이론에 비할 수는 없다. 다른 문제와 마찬가지로 실천 도덕에서도 어떤 이론보다 삶이 먼저다. 삶이라는 이 자유, ─솔직히 우리가 아는 모든 것과 마찬가지로 상대적인─ 존재 자체가 의문인 이 의무는 그럼에도 여전히 우리가 우리 자신과 타인들에 대해 내리는 모든 판단의 근거가 된다. 따라서 어느 정도까지는 우리가 하는 일과 행동에 대해, 서로 책임감 있게 대해야 한다.

극렬한 이론가는 일단 자신의 논리와 어긋나면 아무 거리낌 없이 남들의 행동을 옹호하거나 폄하한다. 적들에게는 따끔한 일침을 가하고, 자비와 정의를 들먹이며 부적절한 행보를 만류하기도 한다.

우리는 시간과 공간의 개념처럼 도덕적 의무 개념에서도 쉽게 벗어날 수 없다. 마찬가지로, 우리가 지나는 이 공간과 우리의 움직임을 헤아리는 이 시간을 정의하기 전에는 하릴없이 앞으로 나아가는 수밖에 없다. 따라서 깊은 뿌리를 명확히 꼬집어 말하기 전에는 우선 도덕적 의무부터 지켜야 한다. 도덕 법칙은 인간을 지배하고, 인간은 그 법칙을 존중하거나 위반한다. 매일의 일상을 보라. 저마다 마땅히 지켜야 할 의무를 소홀히 한 사람에게 돌을 던질 준비가 되어 있다. 설령 그 일이 도리에 어긋나는지는 확신하지 못하더라도 말이다. 다들 나름의 근거를 대며 이렇게 말한다.

"이봐요, 우리는 무엇보다 인간입니다. 먼저 당신 몫을 다하세요. 시민으로서, 아버지로서, 아들로서 의무부터 행하란 말입니다. 명상은 그러고 나서 하시라고요."

오해가 없도록 분명하게 입장을 정리해 보자. 우리는 어느 누구도 철학적인 탐구, 도덕의 근본에 대한 세심한 연구를 외면하길 바라지는 않는다. 이렇게 중대한 사안에 한 번 더 관심을 기울이게 만드는 생각이라면 어떤 것도 쓸모없다고 치부하거나 무심히 지나칠 수 없으니까. 그저 공상가에게 어물쩍거리며 그 근본을 따지기 전에 자선이든, 정직이나 부정이든, 용기나 비겁함이든, 그 무엇과 관련된 일이든 행동을 하라는 얘기다. 무엇보다도 애써 논리를 세워 볼 생각조차 하지 않는 불성실한 사람들, 스스로 실천하지 못한 이유를 정당화하기 위해 철학적 회의 상태를 주장하는 사람들을 반박하고 싶다. 우리는 인간이기에, 의무에 대해 긍정적이든 부정적이든 이론적으로 따지기 전에 우선 인간답게 처신해야 한다는 단호한 규칙을 갖고 있다. 이는 두말하면 잔소리다.

그런데 제아무리 공상가라 해도 한 길 사람 속은 모르는지라 그런 식의 반박은 소용이 없다. 딱히 반박할 말이 없다고는 해도 별 수 없이 다른 의문들이 솟아난다. 의무를 회피하는 핑계는 바다의 모래나 하늘의 별들만큼 무수히 많으니까.

우리는 의무가 막연하고 어렵고 모순적이라며 몸을 사린다. 물론 이런 말은 힘겨웠던 기억이 떠올라서 하게 되는 말이기도 하다. 의무감이 강한 사람이 되어야 한다는 부담, 자신의 길에 대해 품게 되는 회의감, 암중모색하는 처지, 상반되는 의무 사이에서 이러지도 저러지도 못하는 난처함, 힘에 부치는 막대하고 압도적인 의무 앞에서 드는 무력감……. 이보다 더 버거울 수 있을까?

그런데 실제로 이런 일들은 일어난다. 때로는 피치 못할 비극적인 상황이나 비통한 삶이 있다는 건 부인할 수도, 반박할 수도 없는 사실이다. 그리고 드물지만 갈등 상태에서 의무가 저절로 명확해진다든가 섬광처럼 의무감이 돌연 솟아나기도 한다. 그렇게 엄청난 충격을 받는 일들은 예외적이다. 그런 엄청난 충격을 받고도 의연하게 견딘다면 물론 더할 나위가 없다. 하지만 돌풍이 불어와 떡갈나무들이 송두리째 뽑혀 나갔다거나, 어떤 행인이 밤에 낯선 길에서 비틀거린다거나, 어떤 병사가 협공에 쓰러졌다는 사실이 조금도 놀랍지 않은 것처럼, 거의 초인적인 도덕적 갈등에서 패배한 이들을 탓할 수는 없는 노릇이다. 수적 열세와 난관들에 굴복하는 일은 결코 부끄러운 일이 아니므로.

그래서 이제 내가 모호하고 복잡하고 모순되는 의무라는 난공불락의 성벽 뒤로 몸을 피하는 이들에게 칼끝을 겨눌 참이긴 하지만, 그보다 더욱 관심을 두는 것은 단순한 의무에 대해서다. 말하자면 거의 만만한 의무라고도 할 수 있겠다.

지금 할 수 있는
일을 하라

1년에 떠들썩한 축제일은 서너 번일 뿐 대부분은 평범한 날들이다. 마찬가지로 우리가 치러야 할 대단히 크고 난해한 전투가 몇 번 있긴 하지만, 단순 명백한 의무들은 무수히 많다. 큰일을 겪을 때는 그럭저럭 준비가 되어 있다. 하지만 막상 자잘한 기회들이 찾아올 때 우리는 부족한 면을 보인다. 따라서 모순에 빠질지 모른다는 두려움 없이 단언하건대, 단순한 의무를 다하고 기본적인 정의를 행사하는 것이 본질이다. 흔히 사람들이 망연자실하는 것은 힘든 의무를 맡았을 때 제 역량을 발휘하지 못해서가 아니다. 불가능한 임무를 완수하지 못해서도 아니다. 단지 '간단한 의무'를 소홀히 해서다.

예를 들어서 이런 진실을 설명해 보자.

사회의 어두운 그늘을 파헤치려는 사람은 머지않아 최하층의 서민들이 정신적으로나 육체적으로 얼마나 참담한 고통을 겪고 있는지 깨닫게 된다. 자세히 들여다볼수록 더 많은 상처가 보이고, 결국은 도탄에 빠진 사람들의 세상이 끝없이 막막한 우주의 암흑처럼 여겨져 그 앞에서 어떻게 위로를 건네야 할지 속수무책일 수밖에 없다. 황망히 달려가 그 비참한 이들을 돕고 싶어도 동시에 이런 의문이 드는 게 사실이다. '내가 이런다고 무슨 소용이 있을까?' 더없이 암담한 상황 앞에서 어떤 사람들은 절망하며 맥없이 손을 놓고 만다. 연민이나 선의가 절대 부족하지 않은 데도 그저 무력하게 아무런 결실도 보지 못한다. 그건 잘못된 일이다. 한 사람이 대대적으로 선행을 할 방도가 없을지라도, 그렇다고 아무것도 하지 못할 이유는 없다. 너무도 많은 사람이 할 일이 너무 많다는 핑계로 지레 포기하고 만다.

그런 사람들에게는 단순한 의무를 상기시켜 줄 필요가 있다. 그것은 바로 자신이 가진 재력과 여유 그리고 능력에 따라 불우한 환경에서 스스로 관계를 만들어 나갈 의무다.

사람들 중에는 지배 계층의 측근으로 들어가거나 권력층에 슬그머니 끼어들고 싶어 안달복달하는 이들이 있다. 그런데 왜 가난한 사람들과 관계를 맺거나 생필품이 부족한 노동자들과는 교우를 맺지 못한단 말인가? 일단 한 가족의 사연과 과거 그리고 그들이 처한 어려움까지 알고 나면, 그저 우리가 해 줄 수 있는 일을 하고 정신적으로나 물질적인 도움이라는 형태로 유대감을 만들면서 지극히 유익한 존재가 될 수 있다. 비집고 들어갈 작은 틈새를 노려 우리가 할 수 있는 일을 하고 나면, 다른 누군가도 우리를 따라서 역시 자신이 할 수 있는 일을 할지도 모른다. 그렇게 하다 보면 사회에 얼마나 많은 불행과 음침한 증오, 불화, 악이 존재하는지 아는데에서 그치지 않고, 그 속에 약간의 선을 불어넣게 된다. 그러면 비록 우리와 같은 선의를 가진 사람들이 크게 늘어나지는 않는다고 할지라도, 선은 늘어나고 악은 줄어든다. 이런 일을 감내하는 사람이 여전히 우리밖에 없다 할지라도, 마땅히 해야 할 일, 어린애라도 할 수 있는 간단한 의무를 다했다는 자부심이 생기면서 우리는 올바른 삶의 비밀 하나를 발견하게 된다.

사소한 것들이
우리를 구한다

인간의 야심은 끝이 없고, 현실에서는 위대한 일을 해낼 기회도 거의 없다. 설령 있다 해도 확실한 성공을 빠르게 거두려면 언제나 꾸준한 준비가 밑바탕 되어야 한다. 작은 일들에 성심을 다하는 태도야말로 대단한 일을 완수할 수 있는 토대다. 우리는 그 점을 흔히 간과한다.

유독 힘든 시대와 개인적인 삶의 위기를 맞을 때면 꼭 명심해 두어야 할 진실이 있다. 배가 난파되었을 때는 들보의 파편이나 배의 노, 판자 조각을 잡으면 목숨을 구할 수 있다는 것. 마찬가지로 파란만장한 인생에서 모든 것이 산산조각 난다 싶을 때는 그 보잘것 없는 조각 하나가 구원의 판자가 될 수 있음을 기억하자. 사소한 일들을 업신여기는 태도야말로 도덕적 타락이다.

살다 보면 파산을 당한다거나 사랑하는 이를 잃은 슬픔에 충격을 받는다거나 오랜 노동의 결실이 눈앞에서 허망하게 사라지는 일을 한 번쯤 겪는다. 불운한 운명을 되돌리거나 죽은 사람을 되살리거나 이미 허사가 되어 버린 일을 만회하는 건 불가능하다. 돌이킬 수 없는 일 앞에서 우리는 망연자실한다. 그래서 자신의 몸을 돌보는 일이나 집을 유지하는 일, 자녀를 보살피는 일 등을 소홀하게 된다. 이런 일은 그나마 용서할 수 있는 일로 여기고 넘어가기가 쉽다. 하지만 상당히 위험한 일이다! 그대로 내버려 뒀다가는 악화일로로 치닫기 때문이다. 더 잃을 것이 없다고 생각하는 사람이라도 그로 인해 남은 것마저 잃게 된다.

그러니 자신이 가진 좋은 것들이 얼마 되지 않더라도 그 파편을 모아서 소중히 아껴라. 그러면 머지않아 그 작은 부분들이 커다란 위안으로 다가온다. 작은 노력이라도 소홀히 하면 우리를 등지지만, 공들인 노력은 절대 헛되지 않고 언젠가 도움이 된다. 매달릴 데가 나뭇가지 하나밖에 남지 않았다면 그것을 움켜잡아라. 사라지고 있는 신조를 옹호하는 사람이 나 혼자 남았다 하더라도 다른 사람들처럼 무기를 팽개치고 도망치지 마라. 대홍수가 난 뒤에도 살아남은 몇몇이 다시 땅에 생명을 퍼뜨린다. 끈 하나에 생사가 좌우되듯이 때로는 한 사람에게 오롯이 미래가 달리기도 한다.

역사와 자연을 본받아라. 역사와 자연 모두 부단한 진화를 통해 가르쳐 준다. 행운도 불운도 사소한 원인에서 비롯됨을, 세세한 것들을 무시하는 일은 현명치 못한 처사임을, 그리고 무엇보다도 기다렸다가 다시 시작하는 법을 배워야 한다는 점을.

단순한 의무에 대해서라면 군대 생활을 생각하지 않을 수 없다. 인생이라는 위대한 전투를 벌이는 이들에게 본보기를 보여 주기 때문이다. 전투에서 패배했다고 군복과 총기 손질을 멈추고 규율을 준수하지 않는 병사는 군인의 의무를 이해하지 못하는 사람이다. 그들은 어쩌면 이렇게 말할지도 모른다. "이게 다 무슨 소용이람?"

이게 다 무슨 소용이냐고? 패배하는 데에도 여러 가지 방법이 있지 않을까? 패배라는 불행에 좌절, 무질서, 사기 저하까지 더해져도 아무렇지 않단 말인가? 그렇진 않을 것이다. 그 비참한 순간에는 아주 작은 활력도 어둠 속 한 줄기 불빛과 같다. 그 점을 절대 잊어선 안 된다. 그것은 삶과 희망의 신호이기에 머지않아 누구나 모든 걸 잃지는 않았음을 깨닫게 된다.

1813년에서 1814년 사이, 한겨울 그 참담한 퇴로에서 옷매무새를 제대로 가다듬기도 불가능했을 무렵, 어느 아침 한 장군이 단정한 군복 차림과 갓 면도한 산뜻한 얼굴로 나폴레옹 1세에게 다가갔다. 싸움에 져서 달아나는 와중에도 흡사 열병식에라도 가는 듯 단정하게 정리한 그 모습을 보고 나폴레옹은 이렇게 말했다고 한다. "장군, 당신이야말로 진정한 용장이요!"

가까이 있는 의무에 전념하면
인생은 단순해진다

단순한 의무는 바로 지척에 있는 의무이기도 하다. '등잔 밑이 어둡다.'는 말이 있듯이 사람들은 흔히 눈앞에 있는 것들을 시시하게만 여겨 흥미를 잃기 쉬운 오류를 범한다. 반면에 멀리 있는 것에 사로잡혀 쓸데없이 엄청난 금액을 기꺼이 탕진하기도 한다. 저 멀리 지평선 끝에서 사람의 마음을 사로잡는 굉장한 것들에 넋을 잃고 인생길을 따라 걸으며, 인류애나 공익 또는 동떨어진 이들의 불행에 열을 올린다. 그렇게 무의식중에 옆 사람들의 발을 밟거나 팔꿈치로 부딪치며 지나간다.

바로 옆에 있는 사람들을 보지 못하다니, 참으로 이상한 병이 아닌가! 폭넓은 독서를 하고 멀리 여행깨나 다녔다는 사람들조차도 자신의 동포들은 알지 못한다. 무수한 존재의 도움으로 살아가고 있으면서도 정작 그 존재들의 운명에는 무심하다. 가르침과 깨

"

어떤 이들은 파괴하고,

다른 이들은 짓는다.

어떤 이들은 더럽히고,

다른 이들은 치운다.

어떤 이들은 타락을 위해 살고,

다른 이들은 정의를 위해 죽는다.

이 고통스러운 법칙 속에 구원이 있다.

"

달음을 주는 사람도, 지배하는 사람도, 도움과 필요한 것들을 주고 부양하는 사람도 안중에 없다. 자신의 노동자들, 종업원들, 심지어 없어서는 안 될 사회관계를 맺고 있는 사람들까지 알아보지 못한다면 이런 배은망덕이, 이런 부주의가 또 어디 있으랴. 아마 본인들도 미처 그럴 줄은 몰랐을 것이다.

그런데 이보다 훨씬 더한 사람들도 있다. 어떤 아내들에게는 남편도 낯설게 느껴진다. 물론 남편의 경우도 마찬가지다. 제 자식에 대해 제대로 알지 못하는 부모도 있다. 아이들의 성장은커녕 내 자식이 어떤 생각을 하는지, 어떤 위험을 겪고, 어떤 희망을 품는지 전혀 이해하지 못한다. 많은 아이들도 부모를 이해하지 못한다. 부모에게 어떤 문제가 있는지, 부모가 어떤 사투를 벌이는지 꿈에도 모른다. 또 부모의 의중을 헤아리지도 못한다. 콩가루 집안의 이야기가 아니다. 이 서글픈 환경 속에서 관계는 엉망이 되었을지언정 그래도 마음만은 선량한 구성원들로 이루어진, 올바른 가족들에 대한 이야기다.

너 나 할 것 없이 다들 딴 데 정신이 팔려 엉뚱한 일에 관심을 두고 온통 시간을 빼앗긴다. 먼 곳에 있는 의무가 상당히 매력적이라는 점을 부정하거나 싸잡아 비난할 생각은 없다. 하지만 코앞에 있는 의무를 알아보지 못하고 공연한 일에 헛수고를 하는 점은 적이 염려된다. 당장 해야 할 의무야말로 각자가 활동하는 기반이다. 이 기본을 무시하면 장차 시도하려는 모든 일이 위태로워진다. 그러므로 우선은 내 나라, 내 도시, 내 집, 내 교회, 내 회사에 충실하고, 그리고 나서 가능하다면 거기에서부터 더 멀리 나아가라. 그게 간단하면서도 자연스러운 섭리다. 그 섭리를 거스르려면 얼토당토않은 이유들로 자신을 겹겹이 쌓아 중무장해야 한다.

어쨌든 참으로 해괴한 의무들이 혼란을 빚어낸 결과, 많은 사람이 마땅히 해야 할 일은 제쳐 두고 온갖 생뚱맞은 일들로 시간을 보내고 있다. 너 나 할 것 없이 자신과 관계없는 일에 마음을 쓰고, 제자리를 지키지 못하며, 해야 할 일을 등한시하면, 인생은 복잡하게 꼬이기 마련이다. 하지만 각자 자신과 관계된 일에 전념한다면 인생은 훨씬 단순해진다.

누군가는 저지르고
누군가는 수습한다

예로 들 만한 간단한 의무의 형태 하나 더. 만일 어떤 피해가 발생하면 누가 바로잡아야 할까? 그 피해를 준 사람이 해야 한다. 당연한 이야기지만 이는 현실에선 그럴듯한 이론에 지나지 않는다. 이 이론 대로 한다면 악당들을 찾아서 악을 바로잡을 때까지 활개 치는 악을 그대로 놔두어야 한다는 결론이 나오기 때문이다. 그랬다가 만약 악당들을 잡지 못한다면? 또는 악당들이 잘못을 바로잡을 능력이나 의지가 없다면?

난데없이 머리 위로 깨진 기왓장이 쏟아지거나 바람이 세차게 불어 부서진 보도블록이 집 안으로 날아 들어온다. 그러면 지붕을 잇는 일꾼이나 유리 장수를 찾기 전에 기왓장이나 보도블록을 깬 사람을 먼저 잡아야 하는 걸까? 아마 말도 안 된다고 생각할 것이다. 하지만 실상은 늘 이런 식이다. 아이들은 분개하며 이렇게 소리친다. "그거 내가 안 던졌어요! 내가 안 했는데 왜 그걸 내가 주워야 해요?" 대부분 사람도 그와 같이 반박한다. 이게 논리적이다. 하지만 그런 논리로 세상은 돌아가지 않는다.

반대로 꼭 알아 두어야 할 점, 즉 우리 삶에서 매일 되풀이되는 일은 어떤 이들이 끼친 피해를 다른 이들이 바로잡는다는 사실이다. 어떤 이들은 파괴하고, 다른 이들은 짓는다. 어떤 이들은 더럽히고, 다른 이들은 치운다. 어떤 이들은 싸움을 부추기고, 다른 이들은 달랜다. 어떤 이들은 눈물을 흘리게 하고, 다른 이들은 위로한다. 어떤 이들은 타락을 위해 살고, 다른 이들은 정의를 위해 죽는다. 그리고 이 고통스러운 법칙 속에 구원이 있다. 이는 허울뿐인 논리를 퇴색시키는 사실적인 논리다. 이 결론에는 의심의 여지가 없다. 마음이 한결같은 사람은 그런 결론을 이끌어낸다. 악이 있다면 당장에 그 악을 바로잡는 일이 중요하다. 물론 악당들이 악을 바로잡는 일에 몸소 동참해 준다면야 바랄 나위 없이 더 좋겠지만, 경험상 그런 큰 기대는 하지 않는 편이 좋겠다.

의무를 지키려는 노력 속에서
미지의 힘을 발견한다

　　　　　그런데 아무리 간단한 의무라 해도 그 의무를 다하려면 어느 정도 힘은 들기 마련이다. 그렇다면 그 힘은 무엇으로 이루어지며, 어디에 있는 걸까? 이제 말하기도 지겨울지 모르겠지만, 마음에서 우러나오지 않는 의무는 적이자 귀찮은 방해자다. 의무가 안으로 들어오면 우리는 창문으로 나가고, 의무가 창문을 막으면 이번에는 지붕으로 달아난다. 의무가 다가오는 것이 잘 보일수록 우리는 더 확실하게 피한다. 흡사 공권력과 공공의 정의를 대표하는 경찰, 결국엔 늘 교묘하게 빠져나가는 교활한 사기꾼과도 같다. 안타깝게도, 경찰이 가까스로 목덜미를 잡는다 해도, 기껏해야 경찰서로 잡아갈 수 있을 뿐 바른길로 이끌지는 못한다. 인간이 자신의 의무를 행하려면 강압적으로 이래라 저래라 하는 또 다른 힘의 손아귀에 잡혀야 한다.

　그것은 바로 내적인 힘이고, 곧 사랑이다. 어떤 사람이 자신이 하는 일을 싫어하거나 무심하게 그 일을 할 때는 세상의 모든 힘을 다 동원한들 억지로 열심히 하게 하지는 못한다. 하지만 자기 일을 좋아서 하는 사람은 강요할 필요도 없을 뿐만 아니라 말릴 수도 없을 만큼 혼자서도 잘한다. 이는 누구에게나 마찬가지다.

　중요한 것은 인간의 막막한 운명 속에서 존엄성과 불멸의 아름다움을 느낀다는 것이다. 잇단 경험들을 통해 이 삶의 희망과 고통까지도 사랑하게 되었다는 것, 인간들은 그들의 고귀함과 불행마저도 사랑하게 되었다는 것, 마음과 지성과 영혼으로 깊이 인류애를 느낀다는 것이다. 그러면 미지의 힘이 우리를 낚아채 순풍에 돛을 단 배처럼 연민과 정의를 향해 데려간다. 그리고 우리는 그 저항할 수 없는 힘에 굴복하면서 이렇게 말한다.

"다른 수가 있어야지. 나보다 훨씬 강한 힘인걸."

그렇게 말하면서 나이와 환경의 구분 없이 모든 인간은, 인간보다 훨씬 높은 곳에 있지만 자신의 마음속에 머물 수 있는 힘을 떠올린다. 그리고 우리 안에서 진실로 고귀한 모든 것이 우리를 뛰어넘는 이 신비로운 힘에서 발현되었다고 여긴다. 위대한 생각이나 행동처럼 위대한 감정들도 영감으로 떠오른다. 나무가 푸르러지며 열매를 맺을 때면 땅에서 활력을 길어 올리고 태양으로부터 빛과 열기를 받는다. 아무리 보잘것없는 영역에서, 무지한 탓에 어쩔 수 없이 사소한 실수를 저지를지라도, 진지하게 맡은 일에 헌신하는 사람은 불멸하는 선의 원천과 맞닿는다.

이 힘의 중심은 무수히 다양한 형태로 표현된다. 때로는 불굴의 기운으로, 때로는 상냥한 애정으로, 때로는 악을 공격해 무찌르는 투지로, 때로는 상처 입고 잊힌 채 길거리를 방황하는 가엾은 생명을 거두어 안아 주는 어머니 같은 배려로, 때로는 기나긴 탐색이라는 겸손한 인내로…….

그 힘이 닿는 모든 것은 자신만의 독특한 흔적을 지닌다. 그 힘으로 활력을 얻은 인간은 그 힘을 통해 존재하고 살아가고 있음을 느낀다. 그 힘을 돕는 일은 인간의 행복이자 보답이다. 그 힘의 도구가 되는 데에 만족하여 자신이 맡은 일의 외적인 광채에 더는 집착하지 않는다. 그 무엇도 대단하지도 사소하지도 않다. 우리의 행동과 인생이 그것을 꿰뚫어 보는 정신에 의해서만 가치를 지닌다는 사실을 잘 알기 때문이다.

6

단순한
욕구

La vie
simple

저마다 다른 욕구를
어떻게 충족시켜야 하는가

　　　　　친절한 새 장수는 우리가 새를 살 때 그 새로운 식구에게 필요한 건 청결과 먹이라는 사실을 몇 마디 말로 간결하게 일러 준다. 이처럼 대부분 사람에게 없어서는 안 될 욕구도 간략하게 몇 줄로 요약된다. 그 체제는 대개 지극히 간단해서 그대로 따르기만 하면 자연이라는 어머니의 말씀을 고분고분 듣는 아이들처럼 잘 지낼 수 있다. 하지만 거기서 빗나가면 복잡한 일들이 생기고, 건강이 악화되며, 쾌활함이 사라진다. 단순하고 자연스러운 삶만이 몸을 활달하게 유지할 수 있게 한다. 그런데 이 기본

원칙을 기억하지 못해서 기이한 일탈에 빠지고 만다.

인간이 물질적으로 가능한 최상의 조건에서 살아가려면 무엇이 필요할까? 건강한 음식, 간소한 옷, 청결한 집, 그리고 공기와 운동이다. 굳이 위생 상태나 식단 구성 혹은 집의 형태나 의상 재단까지 시시콜콜히 들먹이지는 않으련다. 어디까지나 내 의도는 방향을 제시해서 단순한 정신으로 인생을 정돈하면 각자가 어떤 이점을 얻을 수 있는지 이야기하려는 것뿐이니까. 온갖 계층의 사람들이 살아가는 모습만 보아도 이 정신이 우리 사회에 충분히 퍼져 있지 않다는 사실을 쉽게 확인할 수 있다. 확연히 다른 환경에서 사는 다양한 사람들에게 이렇게 물어보라. 사람이 살아가는 데 필요한 것이 무엇인가? 그러면 그들이 어떤 대답을 하는지 알게 될 것이다. 이보다 더 교훈적일 수는 없다.

파리 토박이 중에는 넓은 가로수 길들로 둘러싸인 지역을 벗어나서는 도저히 살 수 없는 이들이 있다. 숨 쉴 만한 공기, 번쩍이는 조명, 적당한 기온, 일류 요리 그 밖에도 맘껏 누릴 수 있는 많은 혜택이 없다면, 구태여 수고스럽게 이 땅덩어리를 어슬렁거릴 가치가 없다고 느끼기 때문이다.

중류층 사람들에게 사는 데 필요한 것이 무엇이냐고 물으면, 돈과 관련해서는 야망이나 교육 수준에 따라 다양하게 대답한다. 그리고 교육과 관련해서는 흔히 생활 습관, 의식주와 연관된 생활 방식에 따라 민감하게 이해한다. 수입, 수수료 또는 월급의 일정 금액에서부터 삶이 가능해진다. 그 이하에서는 삶이 불가능하다. 재산이 어떤 최소치 밑으로 떨어졌다고 자살하는 사람들이 있는데, 그들은 지출을 줄이느니 차라리 사라지는 편을 택한다. 하지만 절망의 원인이 된 그 최소치는 분명, 욕심이 더 적은 누군가에게는 적당한 수준이었을 테고, 검소한 또 다른 누군가에게는 부러운 수준이었을 거라는 점을 주목하자.

높은 산에서는 고도에 따라 서식하는 식물군이 변한다. 평범한 경작지, 숲 지역, 방목 지역, 초목이 없는 암벽 지역 그리고 빙하 지역이 있다. 밀 이삭 한 톨도 찾아볼 수 없는 어떤 지역에서 포도가 풍성히 열리기도 한다. 떡갈나무는 지대가 낮은 지역에서는 성장하지 못하지만, 전나무는 상당한 고도에서 번식한다. 욕구를 지닌 인간의 삶은 이런 식물군의 생태를 연상시킨다.

재산의 어느 정도 고도에서는 성공한 금융가, 클럽 회원, 사교계 여성 그리고 도심과 시골에 주택 몇 채와 일정 수의 하인과 직원을 거느리고 있는 온갖 사람들을 볼 수 있다. 한 걸음 더 나아가면 제나름의 풍습과 행동양식을 가진 자산가들이 융성한다. 그리고 다른 지역에는 유복한 재산, 적당하거나 그저 약간의 재산을 가진 사람들과 요구액이 들쑥날쑥한 계층이 존재한다. 그다음으로 소시민, 장인, 노동자, 농부 등이 있다. 그들은 고목나무가 더는 자라지 못하는 산꼭대기에서 서식하는 잡초처럼 억세고 밀집된 민중이다. 우리는 이렇게 다양한 사회 영역에서 살아가지만, 어디에 있든 모두 같은 자격을 가진 인간들이다. 이런 비슷한 사람들 사이에서도 각자의 욕구가 엄청나게 차이가 난다는 사실이 신기하게 여겨질 정도로.

그런데 우리와 식물군을 비교했을 때 드러나는 유사성은 여기까지다. 같은 계통의 동식물들은 동일한 욕구를 갖는다. 하지만 인간의 삶은 사뭇 다르다. 우리가 품는 욕구의 속성이나 수효가 동일하기는커녕 들쭉날쭉 종잡을 수 없게 차이가 난다면, 우리는 과연 어떤 결론을 이끌어내야 할까!

욕구는 제한하지 않으면
가속이 붙는다

인간이 가진 다양한 욕구를 충족하는 데 전념하는 일이 과연 개인의 발전과 행복에, 나아가서 사회의 발전과 행복에 유익할까? 먼저, 우리보다 열등한 존재들과 다시 비교해 보자. 그들은 기본적인 욕구만 충족되면 만족스럽게 살아간다. 이는 인간 사회에서도 마찬가지일까? 그렇지 않다. 누구나 살면서 어느 정도는 불만을 품기 마련이다. 여기서 생필품이 부족한 이들은 완전히 제외한다. 추위와 굶주림, 비탄에 절로 탄식이 나는 사람들을 삶이 만족스럽지 못한 사람들과 비교하는 일은 부당하다고 할 수밖에 없을 테니까. 무엇보다도 견딜 만한 여건에서 사는 그 무수한 사람들만 다루고 싶다.

그들의 불만은 어디서 오는 걸까? 그래도 그럭저럭 충분할 정도로 절제된 여건에 있는 사람들은 물론, 사회적 위치의 정점에서 호화롭기까지 할 정도로 늘 세련된 사람들에게도 불만이 있는 까닭은 무엇일까? '배부른 부르주아'라는 말은 어떤 사람들 얘기일까? 그들은 밖에서 볼 때 이제 저 정도면 실컷 누리고 있다고 생각되는 사람들이다. 그런데 그들도 스스로 만족스럽다고 생각할까? 천만의 말씀이다. 만일 부유하면서 만족하는 사람들이 있다면, 단언컨대 그들은 부유하다는 사실에 만족하는 것이 아니라 만족하는 법을 알기 때문이다. 짐승은 두둑이 먹고 성이 차면 드러누워 잔다. 사람도 한동안 누워 잠을 잘 수도 있지만, 계속 지속되지는 않는다. 그 만족감에 익숙해지면 이내 싫증을 내며 더 큰 것을 바란다. 인간의 식욕은 먹을 것으로 달래지기는커녕 오히려 더 커진다. 터무니없어 보일지 모르겠지만 이는 엄연한 진실이다.

불평불만이 제일 많은 사람이 만족할 만한 이유도 제일 많다. 이 사실만 보아도, 원하는 것의 가짓수나 욕구를 채우기 위해 들이는 열정과 행복 사이에는 아무런 관련이 없음을 확실히 알 수 있다. 이는 누구에게나 해당하는 일이므로 다들 이 사실을 마음 깊이 새겨야 한다. 그렇지 않으면 단호하게 욕구를 제한하지 못해, 자신도 모르는 새 욕망의 비탈에 서서히 휘말릴 우려가 있다.

먹고 마시고 자고 입고 산책하고, 결국 빠질 수 있는 온갖 향락에 빠져 제멋대로 사는 사람, 햇볕 아래 누워 노는 한량, 술고래 노동자, 배를 채우느라 바쁜 부르주아, 몸치장에 정신을 빼앗긴 여자, 신분이 높든 낮든 방탕한 사람 또는 그저 평범한 식도락가……. 물질적인 욕구에 지나치게 충실한 사람은 아무리 사람이 좋다 해도 결국은 욕구의 내리막길에 접어들기 마련이고, 그 하락은 끝내 파멸로 치닫는다. 그 내리막길을 따라가는 이들은 경사면을 따라 곤두박질치는 몸뚱이와 똑같은 법칙을 따른다. 그들은 끝없이 되살아나는 환상에 사로잡혀 이렇게 중얼거린다. "이제 몇 걸음만 더 가면, 저기 우리의 탐욕을 부르는 그것이 있어……. 그러고 나면 그만할 거야." 하지만 이미 가속이 붙어 주체할 수가 없다. 갈수록 더 저항하기가 힘들어진다.

이야말로 요즘 사람들 대부분이 겪는 흥분과 집착의 비밀이다. 의지를 식욕의 노예로 저당 잡힌 그들은 그 벌로 고통을 받는다. 야수 같은 무자비한 욕망에 빠져 제 살을 뜯어 먹고, 제 뼈를 으깨고, 제 피를 마시면서도 결코 만족하지 못한다. 나는 지금 거창한 훈계를 하려는 게 아니다. 잠시 인생의 모든 교차로에서 거듭 울려 퍼지는 메아리가 전하는 진실 몇 가지를 지적하며 인생이 들려주는 이야기에 귀를 기울이자는 말이다.

음식, 옷, 집에 대한 취향의 단순함은
독립과 안전의 원천이다.
단순하게 살수록
미래는 보장되고,
예기치 못한 사건이나 불운에도
흔들리지 않는다.

나의 욕구를 충족시킬수록
남을 위하는 일은 적어진다

없던 술도 만들어 낼 정도의 음주벽을 가진 사람은 그 갈증을 해소할 방법을 찾아낼까? 천만의 말씀이다. 오히려 갈증을 해소하지 않고 유지하려 안간힘을 쓴다. 멋대로 방탕하게 살다 보면 감각이 자극에 무뎌질까? 그렇지 않다. 오히려 격화시켜서 자연스러운 욕망을 병적인 집착으로, 고정관념으로 바꾼다.

주체하지 못할 정도로 욕구에 휘둘려 지내면 햇빛 아래 벌레 꼬이듯 우후죽순으로 욕구가 늘어난다. 주면 줄수록 더 많은 걸 바라는 법이다. 오로지 물질적인 번영 속에서 행복을 찾는 이의 욕심은 한도 끝도 없다. 차라리 밑 빠진 독에 물을 붓는 편이 낫다. 수백만을 가진 사람들에게는 수백만이 부족하고, 수천을 가진 사람에게는 수천이 부족하다. 그렇지 않은 사람들에게는 고작 동전 몇 닢이면 될 것을. 단지 안에 닭이 있으면 거위가 먹고 싶고, 거위가 있으면 칠면조가 먹고 싶고, 계속 그런 식이다.

이런 성향이 얼마나 큰 불행을 초래할지는 결코 알 수 없다. 거물들을 따라 하는 서민들이 너무 많고, 부르주아를 흉내 내는 노동자들이 너무 많고, 귀족 처녀들을 따라 하는 서민 처녀들이 너무 많고, 클럽 회원이나 운동선수처럼 행동하려는 서민 직원들이 너무 많다. 자신이 얼마나 가졌는지도 모를 만큼 유복한 그 많은 부유층 사람들이 더 좋은 일에 힘을 쓰면 좋으련만, 하나 같이 온갖 향락만을 즐기며 결국 사람의 욕심엔 끝이 없다는 사실만 확인시키고 만다.

당연히 하인이 되어야 했을 욕구가 소란스럽고 반항적인 폭도가 되었다. 욕구의 노예가 된 인간은 코뚜레에 이끌리는 대로 춤을 추는 곰과 다를 바가 없다. 기분 좋은 비유는 아니지만, 솔직히 사실이다. 너무도 많은 사람이 욕구에 끌려다니며 자유니 진보니 그밖의 알 수 없는 것들을 떠들어 대면서 소란을 피우고 아우성친다. 그들은 평생 옴짝달싹 못 하고 혹시나 주인을 언짢게 하지는 않을까 눈치만 살핀다. 필요한 게 너무 많아서 도저히 체념하고 단순하게 살 수가 없다는 이유만으로 부정직한 짓까지 저지르고 마는 이들이 남녀를 불문하고 얼마나 많은가. 마자스 감옥(1900년 세계 박람회 때 철거된 파리의 옛 감옥―옮긴이)에는 지나치게 탐욕스런 욕구들이 얼마나 위험한지 여실히 보여 주는 수감자가 얼마든 있다.

내가 아는 한 용감한 남자의 이야기를 들려줄까 한다. 남자는 처자식을 극진히 사랑했고 프랑스에서 상당히 유복하게 사는 편이었지만, 아내의 사치스러운 욕구는 아무리 해도 감당할 수가 없었다. 그는 얼마든지 소박하게 살 수도 있었지만, 늘 돈이 모자라자 결국 고국에 가족들을 남겨 두고 돈을 많이 벌 수 있는 머나먼 외국 식민지 땅으로 홀로 이주하게 되었다. 그 불쌍한 남자가 그곳에서 어떤 심정으로 지냈는지는 잘 모르겠다. 하지만 그의 가족은 더욱 좋은 아파트에서 더 잘 차려입고 그럴듯하게 살았다. 당장은 더할 나위 없이 만족스러울지 몰라도 조만간 그 호사에 익숙해지면 그나마도 불완전하게 느껴지게 된다. 그러면 부인은 집안의 가구와 용품들이 보잘것없다고 생각하게 될 것이다. 아내를 지극히 사랑하는 남자는 한 치의 의심도 없이 봉급만 더 받을 수 있다면 달나라라도 갈 테고.

그런데 입장이 완전히 바뀌어 남자가 불규칙한 삶을 살면서 도박이나 그 밖의 어리석은 허영에 정신이 팔려 가장의 의무를 저버린다면, 그 아내와 자식들이 가장의 허황된 탐욕에 희생된다. 가장은 자신의 욕망과 아버지 역할 사이에서 자신의 욕망을 선택하고는 서서히 비천한 이기주의에 빠져든다.

이처럼 온갖 존엄성을 망각하고, 고귀한 감정들이 점진적으로 무뎌지는 일은 비단 유복한 계층의 향락가들에게서만 볼 수 있는 일은 아니다. 서민들도 마찬가지다. 나는 행복이 넘쳐 나야 할 소박한 집안도 많이 알고 있다. 그 집안에서는 밤낮으로 고통과 슬픔에 젖어 지내는 가난한 어머니와 변변한 신발 한 켤레 없이 끼니 걱정을 하기가 일쑤인 아이들을 볼 수 있다. 왜일까? 아버지 탓에 늘 돈이 쪼들리기 때문이다.

알코올 소비만 보더라도 지난 20년 동안 어느 정도의 비율에 도달했는지는 익히 알려진 바다. 그 깊은 구렁이 삼킨 합계는 엄청나다. 1870년 전쟁(프로이센-프랑스 전쟁) 배상금의 두 배다. 그렇게 겉치레뿐인 욕구 때문에 충족되지 못하고 포기한 정당한 욕구가 얼마나 많았을까? 욕구에 도취되는 것은 인류애에 심취하는 것과 정반대의 결과를 낳는다. 자신을 위해 필요한 것이 많을수록 이웃을 위해서, 가족을 위해서 할 수 있는 일은 더 적어진다.

단순하게 살면
위기에도 흔들리지 않는다

행복, 독립, 도덕적 섬세함, 연대감 등이 줄어드는 것, 이는 욕구에 지배당한 결과다. 그 밖에도 부정적인 측면은 많지만, 그중 공공복지의 위기는 상당히 중요한 문제다. 사회의 욕구가 너무 크면 현재에 몰두해 과거의 승리를 희생시키고 미래를 제물로 바친다. '나중에야 될 대로 되라지.' 하는 식이다! 이윤을 얻으려 숲을 깎고, 영글지도 않은 밀을 먹어치우고, 오랜 노동의 결실을 한나절 만에 파괴하고, 불을 지피려 가구를 태우고, 당장의 아늑함을 위해 미래를 빚으로 채워 궁여지책으로 살고, 내일을 위해 곤경, 질병, 파멸, 시기, 원한 등을 심는다. 이 파국으로 치닫는 체제의 온갖 폐해들은 일일이 열거할 수 없을 정도다.

반면 단순한 욕구를 충실히 이행하면 그런 갖은 불편을 피하는 대신 무수한 이익을 얻는다. 건강을 지키는 데는 절제와 절도가 최고라는 옛말이 있다. 절제와 절도를 준수하는 사람은 삶을 슬프게 만드는 숱한 불행을 피하고, 건강과 사랑 그리고 지적인 균형을 보장받는다. 음식, 옷, 집에 대한 취향의 단순함은 독립과 안전의 원천이다. 단순하게 살수록 미래는 보장되고, 예기치 못한 사건이나 불운에도 흔들리지 않는다. 병에 걸리거나 실직을 당해도 거리로 쫓겨날 정도는 되지 않는다. 상황이 자못 심각하게 바뀌어도 당황하지 않는다. 욕구가 소박한 사람은 불확실한 운 앞에서도 별 어려움 없이 적응한다. 일을 잃거나 수입이 줄었다 해도 우리는 여전히 같은 사람이다. 삶이 세워지는 토대는 우리 앞에 있는 책상도, 지하실도, 마구간도, 재산도, 돈도 아니기 때문이다.

우리는 어떤 역경 속에서도 딸랑이나 젖병을 빼앗긴 젖먹이처럼 행동하지 않을 것이다. 적의 손아귀에 잡히지 않도록 머리를 짧게 깎은 사람처럼 만반의 준비를 하여 더 강하게 맞설 테고, 이웃들에게는 더 유용한 사람이 될 것이다. 이웃의 질투나 저속한 욕구를 불러일으키지도 않고, 사치스러운 생활이나 방탕한 낭비벽이나 놀고먹는 모습으로 손가락질을 받지도 않을 것이며, 자신의 안락함보다는 타인의 행복을 위해 열심히 노력할 방법을 찾을 것이다.

단순한
기쁨

La vie
simple

불안과 불만의 원인은
안팎으로 다 있다

요즘 세상이 재미있다고 생각하는가? 나는 전반적으로 재미있기보다는 슬픈 편이라고 생각한다. 내 느낌이 너무 개인적이지는 않을까 조심스럽긴 하지만, 요즘 사람들이 사는 모습을 보고 이야기하는 것을 듣고 있으면, 안됐지만 사람들이 너무 즐기지 못하는 게 아닐까 하는 생각이 든다. 노력하지 않는 것은 아니지만 부족하다는 점은 인정해야 할 것 같다. 그렇다면 대체 뭐가 잘못된 것일까?

어떤 사람들은 정치나 경제를 탓하고, 어떤 사람들은 사회적인 문제나 군국주의를 나무란다. 우리가 가진 굵직한 걱정거리를 줄줄이 읊을라치면 고르기가 난감할 지경이다. 그러니 즐거운 일부터 먼저 생각하자.

우리 밥상은 즐겁게 먹기엔 양념이 너무 많다. 다들 걱정 꾸러미를 한 아름씩 안고 있는데, 그중 하나만으로도 기분을 망치기 십상이다. 아침부터 밤까지 어디를 가든 시간에 쫓기고 걱정거리에 시달리고 근심에 사로잡힌 이들을 만나게 된다. 어떤 이들은 시시한 정책 문제를 놓고 열변을 토하며 논쟁을 벌인다. 또 어떤 이들은 문학계나 예술계에서 맞닥뜨린 비열한 수법과 질투 때문에 낙담한다. 치열한 생존 경쟁으로 적잖은 사람들이 잠을 설친다. 무리한 학업 계획이나 지나치게 복잡한 업무는 젊은이들의 인생을 망친다. 노동자 계층은 휴식 없는 산업 투쟁의 결과로 시달린다. 운영하는 일은 권위가 점점 사라지고 있다. 가르치는 일은 존중이 사라져서 점점 힘들어진다. 눈 돌리는 곳마다 불만을 토로할 일투성이다.

역사를 살펴보면 지금 우리가 사는 시대 못지않게 평온함이라고는 찾아볼 수 없는 격랑의 시대가 있었다. 하지만 아무리 큰 사건을 겪어도 시종일관 쾌활함을 잃지는 않았다. 시대의 엄숙함도, 미래에 대한 불안도, 사회 격동의 폭력도 때에 따라서는 새로운 활력의 원천이 될 수 있었다. 군인들이 전투와 전투 사이에 노래를 부르는 모습을 보는 일도 드물지 않았다. 아무리 혹독한 시대에도 장애물들 한가운데에서 가장 아름다운 승리를 축하하는 일이 인간의 기쁨이었다 해도 과언은 아닌 듯하다. 결전을 앞두고 평온하게 잠을 자거나 풍랑 속에서도 노래를 하려면, 당시 사람들에게는 지금 우리에겐 부족한 내적인 조화를 북돋는 자극제가 있었던 게 아닌가 싶다. 기쁨은 어떤 대상 속에 있는 것이 아니라 우리 안에 내재되어 있다. 나는 우리가 요즘 느끼는 불안의 원인이자 곳곳에 만연한 이 전염병 같은 불만이, 외적인 환경 못지않게 우리 안에도 있다고 생각한다.

삶이 단순해야
기쁨이 자란다

열심히 삶을 즐기려면 그 토대가 굳건하다고 느끼고, 삶을 믿고 스스로 삶을 소유해야 한다. 그런데 바로 그 점이 우리에게는 부족하다. 맙소사, 요즘은 많은 젊은이의 삶이 뒤죽박죽되었다. 사색하는 젊은이들에 대한 이야기가 아니다. 삶이 살 만한 가치가 있는지 확신조차 못 하면서 어떻게 삶을 즐기길 바란단 말인가?

게다가 요즘은 불안할 정도로 활력이 가라앉는 우울증이 만연한데, 이는 분명 인간이 감각을 남용한 탓이다. 무엇이든 지나친 남용은 감각을 망치고 행복할 수 있는 능력을 손상한다. 인성은 지나

친 기벽들에 압도되어 짓눌린다. 깊게 뿌리 내린 완강한 삶의 의지
는 억지로라도 만족을 추구한다. 의료 분야에서 인공호흡, 인공 급
식, 전기요법을 동원하듯이, 사라지는 기쁨 주변에서도 마찬가지
로 기쁨을 되살려 다시 활력을 불어넣으려고 열심인 사람들을 볼
수 있다. 비용도 아끼지 않고 온갖 기발한 방법들을 고안해 내는
가 하면, 가능한 일도 불가능한 일도 모두 다 시도해 보았다. 하지
만 복잡한 이 갖가지 증류기로는 진정한 기쁨을 한 방울도 얻을 수
없다. 기쁨과 기쁨의 도구들을 혼동해선 안 된다. 붓 하나 들었다
고 화가가 될 수 있을까? 거금을 들여서 스트라디바리우스 바이올
린을 산다고 음악가가 될 수 있을까? 마찬가지로 아무리 겉보기에
완벽하고 정교한 즐거움의 도구를 갖추었다 한들 그 이상의 도움
은 안 된다.

하지만 위대한 화가는 숯 조각 하나로도 불멸의 스케치를 그려
낼 수 있다. 그림을 그리려면 재능이나 타고난 천재성이 있어야 하
고, 즐기려면 행복해질 능력을 갖춰야 한다. 그런 능력만 있으면
크게 애쓰지 않아도 즐길 수 있다. 그 능력은 회의주의, 인위적인
삶, 지나친 남용 등으로 파괴되고, 자신감, 절제, 정상적인 활동과
생각 습관 등으로 유지된다.

내가 한 말에 대해 아주 손쉽게 찾을 수 있는 훌륭한 증거를 대
자면 이렇다. 단순하고 건강한 삶이 있는 곳이라면 어디에서든 생
화의 향기처럼 진정한 기쁨이 따라온다는 것. 그런 삶을 산다면 아

무리 힘들고 구속을 당한다 해도, 흔히 기쁨의 조건이라 여길 만한 것들이 부족하다 해도, 그곳에서는 섬세하고 진귀한 기쁨이라는 식물이 꿋꿋이 자라난다. 그 식물은 촘촘한 두 포석 사이로, 벽의 울퉁불퉁한 윤곽 사이로, 바위의 작은 틈새로 어떻게든 비집고 솟아난다. 그 생명력이 어디서 어떻게 오는지는 알 수 없지만, 더운 온실이나 아낌없이 비료를 준 땅에서 금이야 옥이야 키우면 그것은 순식간에 시들어 손아귀 안에서 죽고 만다.

꾸밈없는 기쁨이
사라지고 있는 현실에서

연극배우들에게 어떤 관객이 코미디를 제일 좋아하느냐고 물으면 그들은 일반 대중이라고 답한다. 그 이유는 쉽사리 이해가 간다. 그들에게 코미디는 일종의 예외적인 일이고, 아무리 봐도 질리지 않으니까. 게다가 피로에 지쳤을 때 휴식을 준다. 그들은 성실하게 일해서 얻은 기쁨을 음미한다. 이마의 땀방울로 얻은 푼돈의 대가와 마찬가지로 그 가치를 잘 알고 있다. 무대 뒤편을 드나들면서 배우들과 은밀한 관계를 맺지도 않고 배후에 누가 있는지 관심도 없다. 그저 순진하게 바라볼 뿐이다. 모든 면에서 순수한 기쁨을 만끽한다.

이때 매사에 흥미를 잃은 회의론자가 칸막이 좌석에서 외알박이 안경을 번뜩이며 즐거워하는 관중에게 경멸 어린 시선을 던지는 모습이 눈에 선하다.

"딱한 사람들, 어리석기는, 무지하고 천박하기도 하지!"

그런데 그 관객들이야말로 진정 살아 있는 사람들이다. 회의론자는 진솔한 기쁨의 시간에서 그 아름답고도 건강한 황홀경을 느끼지 못하는 인위적인 존재이고 허수아비일 뿐이다.

안타깝게도 이제는 시골에서조차 그런 천진난만함이 사라지고 있다. 도시의 서민들뿐만 아니라 시골의 서민들도 훌륭한 전통과 단절되고 있다. 알코올과 도박, 건전하지 못한 독서로 타락한 정신은 조금씩 병적인 취향에 물들어 간다. 인위적인 삶은 흡사 포도나무 뿌리를 갉아먹는 뿌리진디처럼 소박했던 환경에 스며든다. 생명력 강한 기쁨으로 튼튼하던 나무는 수액이 마르고 잎사귀가 누렇게 물든다.

그리운 옛날식 전원 축제와 소위 현대화되었다는 요즘의 마을 축제를 비교해 보자. 옛날식 전원 축제의 경우, 오랜 관습에 따라 정해진 장소에서 건장한 시골 사람들이 민속주를 마시면서 민요를 부르고 소박한 춤을 추며 완전히 축제에 몰두한 듯이 보인다. 그들은 대장장이가 쇠를 벼리듯, 폭포가 높은 곳에서 떨어지듯, 망아지가 초원에서 뛰어오르듯 순수하게 즐긴다. 이 모습에는 묘한 전염성이 있어서 보는 사람의 감성마저 자극한다. 그래서 자신도 모르

게 "잘한다, 바로 이거야!"라고 중얼거리면서 함께 어울리고 싶어
진다.

그러나 요즘 마을 축제의 경우, 도시 사람들처럼 빼 입은 촌뜨기
들, 유행하는 모자 탓에 더 흉물스러워 보이는 시골 아낙들, 마치
축제의 대미라도 장식하는 양 대중가요를 고래고래 소리쳐 부르는
얼간이들을 볼 수 있다. 그리고 간혹 귀빈석에는 이참에 시골 촌뜨
기들이 촌티를 벗고 고상한 기쁨을 맛볼 수 있도록 외부에서 특별
히 초빙해 온 싸구려 엉터리 배우들도 보인다. 거기서 마시는 음료
는 감자나 압생트 증류주를 기본으로 한 싸구려 리큐르 술이다. 전
체적으로 볼 때 독창성도 없고 그림 같은 아름다움도 없다. 거침없
는 활달함과 저속함은 있을지언정 꾸밈없는 기쁨이 주는 자유분방
함은 찾아볼 수 없다.

기쁨은 위대한 일의
동력이 된다

기쁨은 중요한 문제다. 고루한 사람들은
흔히 이 문제를 경박하다며 무시하고, 실리주의자들은 불필요한
사치로 여긴다. 일명 쾌락주의자라고 불리는 이들은 너무도 섬세한
이 영역을 흡사 마당에 들어온 멧돼지처럼 쑤석거린다.

인간이 기쁨에 열중하고 막대한 관심을 기울인다는 점만큼은 일 말의 의심도 없는 일이다. 기쁨은 삶에 눈 부신 빛을 밝혀 주는, 우리가 한껏 돋워야 하는 성스러운 불꽃이다. 이 불꽃을 유지하느라 수고하는 사람은 다리를 짓거나 터널을 뚫거나 땅을 경작하는 사람처럼 인류에게 유익한 일을 한다. 따라서 삶의 노고와 고통 속에서도 스스로 행복해질 능력을 잃지 않으려 애쓰는 일이나, 일종의 유익한 전염처럼 그 능력을 다른 사람들에게 널리 퍼뜨리려 애쓰는 일은 가장 고귀한 연대감을 만든다. 소소한 기쁨을 주는 일, 수심 가득한 이마의 주름을 펴 주는 일, 어두운 길에 조금이나마 불빛을 밝혀 주는 일, 이야말로 가엾은 인류에게 진정 신성한 역할이 아닌가! 이런 일은 오로지 위대하리만치 단순한 마음만이 해낼 수 있다.

조금만 더 단순해진다면 스스로도 행복해지고 다른 사람들도 행복하게 해 줄 수 있다. 그런데 그러기엔 진실성과 의연함이 부족하다. 그래서 기쁨을 나눌 때나 위로를 베풀 때도 인색하고 떨떠름하다. 누군가를 위로할 때 어떻게 하는가? 그 사람의 슬픔을 애써 부정하고 반박하면서 불행하다고 생각하지 말라며 다독인다. 정직하게 말하자면 그 말은 이렇게 해석될 수 있다. "친구야, 많이 힘들지. 이상한 일이지만 나도 내가 하는 말에 확신은 없어. 사실 난 아무것도 느껴지지 않거든."

슬픔을 덜어 주는 유일한 인간적인 방법이 진심으로 슬픔을 나누는 일이라면, 그런 식으로 위로받는 불행한 사람은 대체 무슨 감정을 느껴야 할까?

남을 기쁘게 해 주려는
노력은 신성하다

이웃을 기분 좋게 해 주어 그와 잘 지내려 할 때도 같은 식이다. 우리 집에 초대해 식사 대접을 하면서도 돋보이고 싶은 욕심이 앞서서 남들이 우리의 다재다능함에 감탄하기를, 우리의 재치에 웃음을 터뜨리기를 바란다. 아니면 그를 이용해 한몫 챙기려는 꿍꿍이로 마치 너그러운 집주인인 양, 카드 게임을 하자는 등 오락거리를 선심 쓰듯 내밀든가.

남들이 우리를 보고 감탄하며 잘났다고 치켜세워 주면서 꼭두각시처럼 놀아나는 모습을 보면, 더없이 즐거운가? 그렇다면 역으로, 누군가 나를 깔보듯 대하고 나를 이용하고 박수부대로 동원한다고 느껴질 때처럼 넌더리 나는 일이 또 있을까? 남들에게 기쁨을 주고 자신도 기쁨을 누리려면 먼저 오락을 즐기는 동안만큼은 고약한 자존심부터 멀찍이 떼어 내야 한다. 그보다 분위기에 찬물을 끼얹는 일은 없으니까. 착하고 사랑스럽고 친절한 아이가 되어 메달이나 훈장, 학위는 잠시 떼어 놓고 성심껏 다른 이들의 기분을 맞

"

기쁨과 단순함은
서로 오랜 두 친구와도 같다.
단순하게 받아들이고
단순하게 만나라.

"

춰 주자!

가끔은 한 시간 만이라도 다른 일은 밀어 놓고 사람들을 미소 짓게 해 주면서 살아 보자. 이는 겉보기에만 희생하는 것처럼 보일 뿐이다. 주변 사람들에게 약간의 행복과 망각을 선사하기 위해 과시하지 않고 자신을 내어 줄 줄 아는 이보다 더 잘 즐기는 사람은 없다.

우리는 언제쯤 일상에서 마주치는 사람들에게 짜증 나는 우리의 개인사와 고충을 구구절절 늘어놓지 않을 만큼 단순한 사람이 될 수 있을까? 한 시간 만이라도 허세나 불화, 파벌이나 패거리 분류 따위를 잊고 다시 어린아이가 되어 사람들을 기분 좋게 해 주는 그 해맑은 웃음을 지을 수는 없을까?

괴롭고, 슬프고, 진중한 이들에게도 기쁨이 필요하다

이쯤에서 나는 아주 특별한 이야기를 통해 마음씨 착한 독자들이 훌륭한 일을 할 기회를 주고 싶다. 기쁨과 관련되어 거의 등한시되어 온 다양한 범주의 사람들에게 관심을 돌리도록 권하는 게 곧 나의 의도다.

흔히 빗자루는 비질할 때만 쓰고, 물뿌리개는 물을 줄 때만 쓰며, 커피 빻는 기계는 커피를 빻을 때만 쓴다고 생각한다. 마찬가지로 간호사는 환자들을 치료하기만 하는 사람, 교수는 가르치기만 하는 사람, 신부는 설교하고 장례를 치르고 고해성사만 하는 사람, 보초는 보초만 서는 사람이라고 생각한다. 그러고는 가장 진지한 작업에 몰두한 사람들은 밭을 가는 소처럼 묵묵히 제 할 일에만 전념한다고 결론짓는다. 오락은 그런 유형의 활동과 양립할 수 없다고 하면서.

이런 식으로 계속 생각하다 보면 허약하고 고통받고 크게 상처 입은 사람들, 파산한 사람들, 삶이라는 전투에서 허물어진 사람들, 무거운 짐을 짊어진 모든 사람들은 그들이 북쪽 산비탈처럼 그늘진 곳에 있어서 그렇게 될 수밖에 없었다는 생각을 정당화하게 된다. 따라서 우리는 진중한 사람들에게는 기쁨이 필요 없으니 그들에게 기쁨을 주는 일은 무례하다고 자못 성급한 결론을 내린다. 상심한 사람들의 경우 그들의 슬픈 상념을 방해하는 일은 배려 없는 결례가 될 거라고 말이다.

그래서 어떤 사람들은 스스로 늘 근엄하게 지내야만 하고, 그런 사람들에게 접근할 때는 근엄한 표정을 짓고 근엄한 이야기만 해야 한다고 가정한다. 마찬가지로 아픈 사람들을, 불행한 사람들을 찾아갈 때는 문가에서부터 애써 미소를 지우고 어두운 낯빛으로 비통한 표정을 짓고 한탄스러운 대화 주제를 택한다. 그처럼 어둠 속에 있는 사람에게 어둠을, 그늘에 있는 사람에게 그늘을 가져다 준다. 고립된 사람에게 고독을, 적막한 삶에 단조로움을 더 늘리는 데 한몫 거든다. 그렇게 지하 독방처럼 좁은 곳에 가두어 놓고는, 묘지에 가는 기분으로 나직하게 중얼거리며 잡초만 무성한 그들의 인적 없는 안식처 주변으로 다가간다. 그렇게 끔찍하게도 잔인한 일이 세상에서 매일 일어난다는 사실을 누가 짐작이나 하랴. 그래서는 안 될 일이다.

인간의 역경을 자주 접하고 상처를 감싸 주는 준엄한 임무 혹은 괴로운 직무에 헌신하는 사람들을 볼 때면, 그들도 우리와 똑같은 욕구를 갖는 다를 바 없는 사람들이므로, 때로는 그들에게도 기쁨과 망각의 시간이 필요하다는 사실을 잊지 말자. 너무도 많은 눈물을 흘리고 고통을 겪는 사람들을 가끔 웃게 만드는 일은 그들이 맡은 사명을 단념시키지 않고 고된 일을 더 잘 해낼 수 있도록 힘을 북돋워 준다.

시련을 겪은 가족들이나 슬픔에 빠진 사람들이 페스트 환자라도 되는 양 그들 주변에 방역선을 두르지 말자. 그 선을 넘으려면 조심해야 할 테고, 그런 조심스러움은 그들에게 자신의 슬픈 운명을 상기시킨다. 반대로 그들이 겪는 슬픔에 최대한 연민과 존중을 표하고 위로해 주자. 다시 살아갈 수 있도록 도와주고, 바깥 공기를 전해 주자. 요컨대 어떤 불행도 세상으로부터 그들을 완전히 차단하지 못한다는 사실을 일깨워 주자.

또한 하는 일에 완전히 몰두하는 바람에 너무도 바빠서 꼼짝도 못 하는 모든 이들에게도 연민을 베풀자. 이 세상은 휴식도 기쁨도 누릴 새 없이 헌신하는 이들로 가득하고, 그들에게는 약간의 자유, 아주 보잘것없는 휴식도 크나큰 도움이 된다. 그 최소한의 위안은 마음만 먹으면 얼마든지 쉽게 베풀 수 있다.

그런데 흔히 빗자루가 비질을 하는 것이 당연한데 피로를 느낄 리 없지 않느냐고 생각한다. 늘 고군분투하는 이들의 고단함을 보지 못하게 하는 그 잔인한 무지에서 벗어나자. 맡은 임무에 충실한 보초들을 잠시 쉬게 해 주고, 시시포스에게도 잠시 숨 돌릴 틈을 주자. 집안 살림과 아이들의 노예가 되어 버린 어머니의 일을 잠시라도 거들어 주고, 오랫동안 환자 곁에서 밤을 새워 지키는 이들에게 우리의 잠을 조금이나마 나누어 주자. 늘 틀에 박힌 산책으로 갑갑한 젊은 아가씨는 가벼운 옷차림으로 들판으로 나가게 해 주자. 그러면 그들도 행복해지고 우리도 덩달아 행복해진다.

우리는 어쩌면 잠시라도 우리가 걸머졌을지 모를 무거운 짐을 진 이들 곁에서 줄곧 걸었을지도 모른다. 그 잠깐의 휴식만으로도 고통을 치유하고, 숱한 이들의 가슴 속에서 사위었던 기쁨을 되살릴 수 있다. 형제애가 들어설 너른 길을 터줄 수 있다. 우리가 진심으로 입장을 바꿔 상대를 볼 수 있다면, 서로 더욱 잘 이해할 수 있을 것이고, 살아가는 기쁨도 더욱 커질 것이다.

기쁨이 사라진 세상을
물려받는 아이들에게

젊은이들이 즐거움을 얻는 방법에 대해서는 다른 곳에서 이미 충분히 말했으니, 여기서 새삼 자세히 다루지 않겠다. 단, 요점은 분명히 짚고 넘어가자. 젊은이들이 도덕적이기를 바란다면 그 젊음의 기쁨을 가벼이 여기지 말고, 그들이 기쁨을 누릴 수 있도록 배려해 주자.

어쩌면 요즘 젊은이들은 간섭받는 것도 싫어하고 철딱서니 없이 너무 흥청망청 놀기만 한다고 대꾸하는 사람도 있을지 모르겠다. 그런 사람에게는 굳이 간섭하지 않으면서도 얼마든지 견해를 제시하고 방향을 보여 주고 기쁨을 누릴 기회를 만들어 줄 수 있다고 말해 주고 싶다.

또 그들에게 젊음이 너무 즐기기만 한다는 생각이 틀렸다는 말을 해 주고 싶다. 요즘은 인생을 꽃피우고 찬란히 빛나게 하기는커녕 오히려 시들하게 만드는, 인위적이고 무력하고 부도덕한 유흥 말고는 별로 남은 게 없다. '합법적인 활용'의 적인 '남용'은 세상을 너무도 더럽혔다. 그래서 때 묻지 않은 무언가에 손을 대기가 힘들어졌다. 그래서 끝없이 조심하고 보호하고 금지한다. 조금이라도 불건전해 보인다 싶은 오락을 모조리 피하려면 꼼짝달싹할 수가 없을 지경이다. 요즘 젊은이 중에서도 특히 자존심 있는 젊은이들에게 즐길 거리가 없다면 몹시 고통스러운 일일 테다. 불편을 감수하지 않고는 그 향기로운 포도주를 빼앗을 수 없다.

사태를 이대로 두었다가는 젊은 세대들의 머리 위에 드리운 그림자만 짙어질 뿐이다. 그들을 도와주어야 한다. 우리 아이들은 기쁨이 사라진 세상을 물려받았다. 우리는 아이들에게 커다란 근심, 성가신 문제들, 구속과 복잡함으로 묵직해진 부담스러운 인생을 물려주고 있다.

그러니 적어도 아이들의 아침을 밝혀 주려는 노력은 한번 해 보자. 아이들이 하는 운동에 관심을 두고, 유원지를 만들어 주고, 마음의 문과 우리 집의 문을 활짝 열어 주자. 가족과 함께 즐기자. 시종일관 쾌활함을 잃지 않게 해 주자. 침울한 집단을 뛰쳐나가 거리로 내몰린 아들들과 고독에 지쳐 가는 딸들을 한데 모으자. 가족 잔치와 모임, 소풍을 늘리자. 가정에서든 밖에서든 기분을 한껏 끌어올려 즐겁게 지내자. 학교도 아이들 생활의 일부가 될 수 있도록 만들자. 스승과 제자가 더 자주 만나 함께 잘 지낼 수 있도록 하자. 그러면 진지한 공부도 한결 수월해진다. 교사를 이해하는 데에는 교사와 함께 웃는 것보다 더 좋은 건 없다. 교사와 학생이 서로 더 잘 이해하려면 교실이나 시험장이 아닌 다른 곳에서 만나야 한다.

누군가는 이렇게 물을 것이다. "그러면 어디서 돈이라도 나오나요?" 좋은 질문이지만, 이야말로 결정적인 실수다. 기쁨과 돈, 우리는 이 둘을 새의 양 날개처럼 여긴다. 엄청난 착각이 아닐 수 없다! 기쁨은 이 세상에서 진정으로 귀한 모든 것들과 마찬가지로 사고팔 수 없다. 즐겁게 지내고 싶다면 적극적으로 제 몫부터 해내는 자세가 가장 중요하다. 할 수만 있다면, 그리고 그래서 도움이 된다고 생각한다면 지갑 여는 걸 굳이 말리진 않겠다. 하지만 장담컨대, 꼭 그럴 필요는 없다. 기쁨과 단순함은 서로 오랜 두 친구와도 같다. 단순하게 받아들이고 단순하게 만나라. 우선 열심히 일하고 나서 곁에 있는 사람들에게 최대한 다정하고 성실하게 대하라. 그리고 자리에 없는 사람들에 대해 나쁜 말을 하지 마라. 그러면 성공은 확실하다.

8

돈에 좌우되는
정신과 단순함

La vie
simple

돈이 아니라
돈에 흔들리는 정신이 문제

이전 장에서 우리는 돈에 마력을 부여하는 만연한 편견에 대해서 스치듯이 다루었다. 기왕 예민한 영역에 다가갔으니, 이제는 피하지 않으려 한다. 하지만 본격적으로 언급하기 전에 몇 가지 짚고 넘어갈 진실이 있다. 새롭지는 않지만 우리가 너무도 자주 잊는 사실들 말이다.

내 생각에 돈 없이 살 방법은 없는 것 같다. 오늘날까지 돈의 온갖 병폐를 비판한 이론가들이나 입법자들은 기껏해야 그 악의 이름이나 형태를 바꾸었을 뿐, 사물의 상업적 가치를 나타내는 상징,

즉 돈은 없애지 못했다. 돈을 없애고 싶은 유혹은 문자를 없애고 싶은 유혹과 비슷하다.

이 돈 문제가 대단히 골칫거리라는 점은 사실이며, 이는 복잡한 우리 인생의 주요한 요소 중 하나를 이룬다. 우리가 허우적대고 있는 경제적 곤경, 사회적 관습, 현대 생활의 구조 자체가 돈의 서열을 너무 높여 놓았다. 인간의 상상력이 돈에 일종의 패권을 부여했다 해도 놀랍지 않을 정도다. 우리는 바로 그런 면에서 이 문제에 접근해야 한다.

돈이라는 말은 상품이라는 말과 다르지 않다. 상품이 없다면 돈도 없었을 테니까. 상품이 있는 한 어떤 형태로든 돈도 존재할 것이다.

돈을 둘러싼 모든 남용의 근원은 모호함 때문이다. 우리는 상품이라는 용어와 개념 때문에 서로 아무 관계도 없는 것들을 혼동하여 감히 가치를 지닐 수도 없고, 지녀서도 안 되는 것들에 시장가치를 매기려 했다.

구매 개념은 이방인이나 적 또는 약탈자들의 영역까지 침범했다. 이제 밀, 감자, 포도주, 옷감은 당연히 사고파는 물건이 되었다. 노동은 인간에게 삶의 권리를 주니, 그 권리에 걸맞는 가치를 건네는 일은 지극히 자연스럽다.

그런데 여기서부터 이미 비유에 금이 가기 시작한다. 사람의 노동은 밀 한 꾸러미나 석탄 한 포대와 같은 의미의 상품이 아니라 화폐로 가치를 매길 수 없는 요소에 속한다. 요컨대 사람의 노동은 결코 돈으로 살 수 없다. 수면이나 미래에 대한 지식, 재능처럼. 그런 것들을 우리에게 팔겠다고 내놓는 이는 바보거나 사기꾼임이 분명하다.

그런데 그런 것들로 돈을 버는 사람들이 있다. 그들은 제 것이 아닌 것을 팔고, 사람들은 그들에게 쉽게 속아 진짜 화폐로 허구의 가치를 지급한다. 마찬가지로 기쁨 장사꾼, 사랑 장사꾼, 기적 장사꾼, 애국심 장사꾼들도 있다. 실제로 상품을 거래하는 사람을 나타낼 때는 상당히 명예로울 수 있는 이 상인이라는 호칭이, 마음이나 종교, 국가의 문제가 되면 최악의 오명이 된다.

누군가의 감정, 명예, 지위, 글이나 기록을 사고파는 행위가 수치스럽다는 점에는 거의 모두가 동의한다. 불행히도 이 생각은 이론적으로 아무런 모순이 없다. 따라서 앞서 말한 바와 같이 고결한 도덕적 진실이라기보다는 아주 흔한 통념처럼 여겨져 실생활까지 파고들기는 지극히 힘들다. 불법 거래가 세상에 번졌고, 금융업자들이 성역에까지 자리를 잡았다. 성역은 종교적인 영역만 뜻하지 않는다. 인류가 가진 감히 침범할 수 없는 신성한 모든 것을 통틀어 말한다.

삶을 복잡하게 하고 부패시키고 변질시키는 것은 돈 자체가 아니라, 바로 돈에 흔들리는 우리의 정신이다.

돈에 좌우되는
노동의 결말

돈에 좌우되는 정신은 무엇이든 이 단 한 가지 질문으로 귀착한다. '이게 나한테 얼마나 벌어다 줄까?' 이 말은 '돈만 있으면 뭐든 얻을 수 있다.'는 명제로 전부 요약된다. 이 두 가지 행동원칙을 따르면 사회는 차마 묘사하고 상상할 수도 없는 파렴치한 수준으로 떨어진다.

'이게 나한테 얼마나 벌어다 줄까?' 일해서 생계를 보장하려면 누구나 대비책을 마련해야 하기에 이 질문은 타당하다. 하지만 그 한계를 넘어 인생 전체를 지배하는 순간 파국으로 치닫는다. 이는 우리의 생계수단인 일까지 타락시킬 정도로 명백한 사실이다. 임금을 받고 정당한 노동을 한다는 것 자체는 더할 나위 없이 바람직하다. 하지만 그 열의를 고취시키는 동기가 오로지 임금을 받겠다는 바람뿐이라면 그야말로 최악이다.

일을 하는 동기가 오로지 자신이 받는 급여가 전부인 사람은 형편없는 일을 하는 사람이다. 일이 아니라 돈에 관심을 두기 때문이다. 자신의 이익을 떼이지 않으면서 노력을 줄일 수 있다면, 충분히 그러고도 남을 사람이다. 벽돌공이든 농부든 공장 노동자든 자신의 노동을 사랑하지 않는 사람은 거기에 어떤 관심도, 존엄성도 부여하지 않는다. 요컨대 형편없는 일꾼이다.

명예에만 몰두하는 의사는 목숨을 맡겨도 될 만한 사람이 못 된다. 오로지 남들의 지갑을 털어 자신의 지갑을 불리려는 욕망으로 움직이니까. 자신의 이익을 위해서는 사람들이 더 오래 아파야 하므로 병을 치유해 주기는커녕 오히려 더 키울 수도 있는 사람이다.

아이들을 가르치면서 오로지 그 일로 얻는 이득만 좋아하는 교사는 불쌍한 교사다. 그 이득이라는 것도 하찮을 뿐 아니라, 그런 교사의 가르침은 더욱 하찮기 때문이다.

그렇다면 돈 때문에 일하는 기자는 어떤 가치가 있을까? 고작 돈 한 푼을 위해서 글을 쓰는 기자의 문장은 그 한 푼의 가치도 얻지 못한다.

인간의 노동은 더욱 고상한 목적을 지닐수록 돈에 좌우되는 정신이 개입되면 빈약해지고 부패된다. 모든 노고는 대가를 받을 자격이 있다. 삶을 유지하기 위해 활력을 쏟는 사람은 마땅히 다른 사람들과 똑같은 혜택을 누려야 한다. 유익한 일이라고는 아무것도 하지 않는 사람은 한마디로 기생충에 지나지 않는다는 말이 있다 이는 백 번 천 번 옳은 말이다. 그런데 오로지 하나의 행동 동기만으로 수익을 올리는 일보다 심각한 사회적 오류는 없다. 힘으로든 따뜻한 정으로든 집중력으로든 우리가 하는 일에 최선을 다하는 태도에는 누구도 값을 매길 수 없다. 사람은 기계가 아님을 가장 훌륭히 증명하는 사실이 있다. 바로 똑같은 힘, 똑같은 동작으로 일하는 두 사람이 완전히 다른 결과를 빚어낸다는 사실이다. 이런 현상의 원

"

일을 하는 동기가
오로지 자신이 받는 급여가
전부인 사람은
형편없는 일을 하는 사람이다.

"

인은 어디에 있을까? 한 사람은 돈에 좌우되는 사람이고, 다른 한 사람은 한 가지 목적에 성실한 영혼을 지닌 사람이기 때문이다. 두 사람 모두 임금을 받지만 한 사람의 노동은 헛되고 다른 한 사람은 그 일에 자신의 혼을 담는다. 전자의 노동은 영원히 아무것도 남지 않는 모래알과 같고, 후자의 노동은 땅에 뿌린 살아 있는 씨앗처럼 싹이 터서 수확물을 빚어낸다. 너무도 많은 사람이 겉보기엔 남들과 똑같은 방법을 활용하고도 성공하지 못한 이유를, 다른 방법으로는 설명할 도리가 없다. 로봇이 번식을 하지 못하듯, 돈에 좌우되는 노동은 결실을 보지 못하는 법이다.

대가를 생각하지 않는 사람들이 있어 세상은 발전한다

확실히 우리는 경제적인 현실 앞에 굴복하고 삶의 어려움을 깨달을 수밖에 없다. 나날이 가족을 먹이고 입히고 재우고 부양하기 위해 총력을 기울일 수밖에 없는 절박한 상황이 되어 간다. 이 다급한 욕구들을 고려하지 않는 사람은 환상에 빠진 사람이거나 무분별한 사람일 수밖에 없다. 그는 조만간 자신이 인색하다고 코웃음 치던 사람에게 손을 내미는 처지가 될지도 모른다. 그런데 만일 우리가 그런 근심에만 골몰해 오로지 노력의 대가를 돈으로만 가늠하고, 회계장부에 숫자로 나열되지 않는 것은 쓸모없는 일이나 헛수고로 치부하며 수입에만 연연하는 회계원에 지나지 않는다면 어떻게 될까?

어머니들은 무엇을 바라고 우리를 사랑으로 길렀을까? 만일 늙은 부모를 봉양하는 대가로 뭔가를 받고자 한다면 우리의 효심은 어떻게 될까?

진실을 말하는 대가는 무엇일까? 불쾌감 때로는 고통과 박해다. 조국을 수호하는 대가는? 피로와 상처 때로는 죽음이다. 착한 일을 하는 대가는? 귀찮음, 배은망덕, 심지어는 원한이다. 인류의 기본적인 모든 활동에는 헌신이 들어간다. 제아무리 정교하게 계산을 잘 하는 사람이라 해도, 오로지 계산에만 의지해서는 세상에서 버틸 수 없으리라.

'티끌 모아 태산'을 만들 줄 아는 이들이 현명하다고 여겨지는 건 사실이다. 그런데 더 자세히 들여다보자. 그렇게 만든 태산 속에는 단순한 사람들의 헌신으로 얻어진 티끌이 얼마나 많을까? 만일 그들이 '돈 안 받고 일할 사람 없다.'는 좌우명을 가진 약삭빠른 사람들만 만났더라면, 그렇게 성공할 수 있었을까?

솔직하게 말해 보자. 너무 깐깐하게 셈을 하지 않는 사람들이 있어서 그나마 세상이 살 만하다고. 가장 아름다운 봉사와 가장 힘든 일은 대개 보수를 바라지 않는다. 다행히도 힘들기만 하고 심지어는 돈과 휴식 그리고 목숨마저 잃을 수도 있는 일을 기꺼이 할 준비가 된 사람들이 항상 존재한다. 그들은 남들이 흔히 힘겨워서 좌절하기 일쑤인 일을 도맡는다.

고통스러웠던 경험을 이야기하면서, 과거에 베풀었던 선의를 후회하고 환멸만 얻었다고 투덜대는 사람을 본 적이 있을 것이다. 그들은 흔히 이런 넋두리로 말을 마무리한다. "그땐 내가 너무 멍청해서 그런 짓을 했어." 돼지에게 진주를 던져 주는 일은 늘 어리석으니, 때로는 그런 생각이 일리 있을 수도 있겠다. 하지만 진정 아름다운 행동을 하는 사람들은 남들의 배은망덕함 때문에 후회하는 사람들이다. 부디 그런 어리석은 행동들이 더 많아지기를.

돈으로 살 수 없다는 것이 있다는 확신

이제 돈에 좌우되는 사람들의 '신조'를 얘기할 때다. 그 특성은 '짧다'는 점이다. 돈이 목적인 사람에게는 율법과 선지자들도 '돈만 있으면 무엇이든 얻을 수 있다.'는 명제에서 예외일 수 없다. 그들의 피상적인 사회생활만 슬쩍 보더라도 이는 더없이 자명한 사실이다.

'전쟁의 힘줄', '어떤 문이든 열 수 있는 만능열쇠', '세상의 왕!' 돈에 대한 찬사와 위력을 모두 나열하려면 한도 끝도 없다. 그런데 지갑이 텅 빈 사람에게 무엇이 부족한지 이해하려면 하루든 이틀이든 돈 한 푼 없이 몸소 세상을 겪어 보아야 한다. 남의 눈에 띄기를 좋아하거나 남다른 상황을 좋아하는 사람들에게, 친구나 지인 그리고 자신이 중요한 사람으로 대접받는 환경에서 멀리 벗어나, 딱 사나흘만 돈 없이 지내 보라고 권하는 바다. 아마 48시간이면 한 사람이 평생 할 수 있는 것보다 더한 경험을 하게 될 테니까.

안타깝지만 누군가는 자신의 의지와 상관없이 그런 경험을 하게 된다. 날벼락 맞듯이 파산을 당하고 나면, 소꿉동무, 옛 동료, 심지어 자신에게 은혜를 입은 사람들과 함께 고국에 있어도 아무도 그를 아는 체하지 않는다.

이런 상황에서 돈만 있으면 무엇이든 손에 넣을 수 있고 돈이 없으면 아무것도 가질 수 없다는, 돈에 좌우되는 신조를 내뱉는 사람들의 말투는 얼마나 씁쓸한가! 돈이 없으면 배척받는 천민이나 나병환자처럼 모두가 외면하는 사람이 되고 마는데.

파리가 시체에 꼬이듯 사람은 돈에 꼬인다. 돈이 마르니 주변에는 아무도 없다. 돈을 목적으로 삼는 사람은 결국 언젠가는 눈물을 흘리게 된다. 한때는 황금 송아지를 숭배했던 이들이라 할지라도 쓰라린 피눈물을 피할 수 없다.

'돈만 있으면 무엇이든 얻을 수 있다.'는 신조는 잘못되어도 한참 잘못되었다. 하지만 구태의연한 이야기로 이를 비난할 생각은 없다. 가령, 사막에서 길을 잃어 돈을 주고 사려 해도 물 한 방울 없는 위기에 처한 부자의 이야기처럼. 돈 한 푼 없지만 건장한 청년에게 스무 살이라는 젊은 나이와 튼튼한 건강을 사기 위해 전 재산의 절반을 주려는 늙은 백만장자 이야기처럼! 행복은 돈으로 살 수 없다는 사실을 굳이 입증하고 싶은 마음은 없다. 많은 사람이 흔한 이야기라며 코웃음 칠 테니까. 돈 있는 이들도 그럴 테지만, 돈 없는 이들은 특히 더 그럴 것이다. 나는 각자 기억과 경험을 떠올려, 모든 사람이 계속 되풀이하는 격언 뒤에 숨겨진 조잡한 거짓말을 꼬집어 내기를 바란다.

두둑한 지갑을 들고 유명 온천지로 떠나 보자. 세간에 알려지기 전에는 돈이 없어도 살기 좋았던, 예의 바르고 인심 좋은 소박한 사람들로 가득했던 작은 마을로. 입소문이 퍼지면서 그 마을 사람들은 자신들이 처한 상황, 풍토, 특색으로 어떻게 하면 돈을 벌 수 있는지 알게 되었다. 그런 줄도 모르고 처음 그곳에 갈 때는 뜬소문만 믿고, 돈만 있으면 인위적이고 문명화된 세계에서 떨어져 조용히 쉴 곳을 찾아 여생을 그림처럼 살 수 있으리라 생각하며 우쭐댄다. 첫인상은 좋다. 처음에는 주변의 자연환경이며 아직 남아 있는 보수적인 풍습이 호의적으로 느껴진다. 그런데 시간이 갈수록 인상이 나빠져 점점 그 내막이 보이기 시작한다. 마치 집안의 가보처럼 진짜 골동품인 줄 알았던 것들이 알고 보니 순진한 사람들을 현혹하기 위한 속임수에 지나지 않았음을 깨닫는다. 땅에서부터 사람들까지 어디에나 판매용 상표가 붙어 있다. 그곳 원주민들은 이미 수완 좋은 사업가들이 되어 있다. 그들은 돈 한 푼 들이지 않고 우리가 가진 돈을 거머쥔다. 거미줄처럼 사방이 그물과 함정이고, 우리는 거기에 걸려드는 파리에 불과하다. 20년 혹은 30년쯤 돈에 좌지우지되며 살다 보니, 한때는 도시 생활에 지친 이들을 다정하게 맞아 주던 순박하고 정직하던 사람들도 그 지경이 되어 버렸다. 이제 집에서 만드는 빵은 자취를 감추었고, 버터는 공장에서 나온다. 우유에서 더껑이를 걷어 내고 포도주에 불순물을 섞는 요령도 터득했다. 이제 미덕은 온데간데없이 온갖 악덕만 남은 사람들이 되었다.

떠나면서 돈을 세어 본다. 너무 많이 모자라서 투덜댄다. 틀렸다. 돈으로도 살 수 없는 것이 있다는 확신은 아무리 비싸게 주고 사도 전혀 아깝지 않다.

헌신, 단순함의 재능

똑똑하면서 유능하기까지 한 일꾼을 찾길 원한다면 꿈도 야무진 생각이다. 돈만 있으면 무엇이든 얻을 수 있다는 원칙대로라면, 주는 봉급이 하잘것없으면 무능한 일꾼을, 보통이면 평범한 일꾼을, 괜찮으면 훌륭한 일꾼을, 대단하면 아주 빼어난 일꾼을 찾게 될 테니까.

일자리를 찾겠다고 나선 사람들이 모두 빼어나다면 우선 그들은 자신의 주장을 뒷받침할 증명서를 갖추어야 한다. 그러나 실무 테스트를 해 보면 아무리 재능 있는 인재들이라 해도 십중팔구는 완전히 요령이 부족해 보이는 게 사실이다. 그런데 왜 고용이 될까?

그들은 코미디에 등장하는, 돈은 많이 받으면서 할 줄 아는 것은 하나도 없는 요리사들처럼 이렇게 대답했을 것이다.

"왜 요리사로 들어왔습니까?"

"월급을 더 받을 수 있으니까요."

이건 중요한 문제다. 높은 급여를 받고 싶어 하는 사람들은 언제든 찾을 수 있다. 하지만 그만한 능력을 갖춘 사람들은 훨씬 찾기 힘들다. 성실한 사람을 찾으려 한다면 문제는 더 커진다. 돈 받고 일할 사람은 얼마든 찾을 수 있지만 헌신하여 일할 사람이라면 얘기가 완전히 달라지니까.

헌신적인 하인, 성실하면서 똑똑하기까지 한 직원의 존재를 부정할 생각은 추호도 없다. 그런데 보수를 두둑이 받는 이들보다 제대로 보수를 받지 못하는 이들 중에 그런 사람이 더 많다. 요컨대 그들이 헌신적인 까닭은 이득을 따져서가 아니라 자기희생을 하게 해 주는 단순함이라는 자산을 갖고 있기 때문이다.

어디에서나 다들 돈은 '전쟁의 힘줄'이라고 입버릇처럼 말한다. 물론 전쟁에는 비용이 많이 든다는 사실쯤은 익히 알고 있다. 그렇다면 적들과 맞서 싸워 아군의 명예를 드높이려면 나라가 부유하기만 하면 되는 걸까? 옛 그리스인들은 페르시아인들과 맞서 그와 정반대의 증거를 몸소 제시했고, 그 증거는 역사 속에서 끊임없이 되풀이되었다. 금이 있으면 배도, 대포도, 말도 살 수 있다. 하지만 축성술, 정치적 지략, 기강, 열정 등은 살 수 없다. 징집사관들 손에 수십 억을 쥐여 주면서 위대한 장군과 용감무쌍한 군대를 구해 오라고 해 보라. 장군 한 명이 아니라 장군 백 명과 병사 천 명을 구해 온다 해도, 막상 전장의 총구 앞에서 그들은 무용지물일지 모른다.

그저 돈만 있으면 가난에서 벗어나 좋은 일을 할 수 있으리라고 상상할지도 모르겠지만, 안타깝게도 이 또한 깨어나야 할 환상이다. 많든 적든 돈은 남용을 싹 틔우는 씨앗이다. 거기에 지혜와 선의, 인간의 경험이 더해지지 않는 한 백해무익할 뿐이다. 또 우리의 호의를 받는 이들과 호의를 나누어 줄 사람들을 부패시킬 위험만 커질 따름이다.

돈,
있어야 할 자리에 있으라

돈이 모든 걸 충족시킬 순 없다. 일종의 권력은 될 수 있지만 절대 권력은 아니다.

돈에 좌우되는 정신이 확산되는 현상처럼, 삶을 복잡하게 만들고 인간의 도덕을 타락시키고 사회의 정상적인 기능을 그르치는 일은 없다. 돈이 지배하는 어디에서든 누구나 다른 누군가에게 속는다. 이제는 그 무엇도, 누구도 믿을 수 없고, 가치 있는 그 어떤 것도 얻을 수 없다. 돈을 헐뜯으려는 말이 아니라 다음과 같은 보편적인 법칙이 돈에도 적용되어야 한다는 말이다. 즉 '모든 것에는 다 제자리가 있는 법이다!'

　하인이 되어야 하는 돈이 도덕적 삶과 존엄성과 자유를 존중하지 않는 포악한 힘이 되었다. 돈을 얻으려 갖은 수를 다 쓰는 누군가는 상품이 아닌 것을 시장에 내놓고, 풍요로운 재산을 가진 누군가는 아무도 사고팔 수 없는 것을 손에 넣을 꿈에 부푼다. 이 무지하고 범죄적인 맹신에 맞서서 이렇게 큰소리로 규탄해야 한다. "네 돈과 함께 망할지어다!"

　인간에게 가장 소중한 것을 대가 없이 받아 온 사람은, 그것을 다른 사람에게 대가 없이 줄 줄도 알아야 한다.

9

명성과
알려지지 않은 선행

La vie
simple

명성에 대한
병적인 집착

요즘 세상에서 가장 유치한 현상 하나를
꼽는다면 단연 명성에 대한 집착이다. 자신을 과시하고 두각을 나
타내 무명에서 벗어나기. 어떤 이들은 이 욕망에 사로잡혀 자신을
알리고 싶어 좀이 쑤신다고 해도 과언이 아니다. 그들에게 무명은
더없는 치욕이다. 그래서 남들의 이목을 끌 수만 있다면 무슨 짓이
든 한다. 그들은 이름이 알려지지 않은 존재는 조난자와 다를 바
없다고 생각한다. 폭풍우 휘몰아치는 밤에 황량한 암초에 매달려
상상할 수 있는 신호는 모조리 동원해 자신이 거기 있음을 알리려

아우성치며 발버둥 치는 조난자. 그들은 급기야 폭죽과 화전을 쏘아 올리는 것으로도 성에 차지 않아 어떻게든 자신을 알리려고 비열한 짓이나 범죄까지도 서슴지 않는다. 헤로스트라투스(자신의 이름을 불멸의 것으로 만들기 위해서 에페소스의 아르테미스 신전을 불태운 고대의 방화범 — 옮긴이)의 방화는 많은 사람이 모방했다. 요즘은 상징적인 뭔가를 허물고, 누군가의 명성을 실추시키거나 그러려고 애쓰고, 추문이나 악행 혹은 세상이 떠들썩한 야만스러운 짓으로 악명을 높인 이들이 얼마나 많은지 모른다.

명성에 대한 이런 집착은 미치광이 중에만 있는 것은 아니다. 의심 많은 금융가, 사기꾼, 온갖 부류의 뜨내기 배우 사이에서도 맹위를 떨친다. 이는 삶의 정신적이고 물질적인 모든 영역에 두루 퍼져 있다. 정치, 문학, 과학 분야에 이르기까지. 심지어 충격적이게도 자선활동과 종교에서마저 선전에 물들어서 선행을 했다며 요란하게 자화자찬하고 영혼을 구원해야 한다며 법석을 떤다.

이 요란한 열병은 조용하고 평범한 은퇴자들까지 덮쳐서 차분한 정신을 흐리고 여러 활동을 폭넓게 오염시켰다. 뭐든지 보여 주는, 아니 차라리 뭐든지 늘어놓고 과시하는 병폐, 감춰진 것의 진가를 알아볼 줄 모르는 무능함, 사물의 가치를 그것이 내는 요란한 소음으로 가늠하는 습관 등은 결국 가장 진지한 사람들의 판단마저 변질시켰다. 이러다 사회가 저마다 자신의 막사 앞에서 떠들썩하게 북을 치는 거대한 장터로 변하고 마는 건 아닌가 싶은 생각이 들 정도다.

장터의 먼지와 참을 수 없는 불협화음을 벗어나 외딴 계곡에 가서 편하게 숨을 들이켜면 시냇물이 얼마나 맑은지, 숲이 얼마나 고요한지, 고독은 또 얼마나 감미로운지를 깨닫고 깜짝 놀라게 된다. 하늘에 감사하게도 아직 침범되지 않은 안식처들이 많이 있다. 아무리 소음이 요란해도, 광대들의 목소리가 서로 부딪치며 내는 혼란에 귀가 얼얼해도, 그래 봤자 어느 정도의 한계를 넘지 못하고 이내 잠잠해져 사위고 만다. 침묵의 영역이 소음의 영역보다 더 방대하다. 그 점에 우리는 위안을 받는다.

내면에서 찾는
은밀한 기쁨

알려지지 않은 선행, 소리 없는 노고가 깃든 이 무한한 세상의 입구에 발을 디뎌 보자. 아무도 발자국을 남기지 않은 순백의 눈, 고독 속의 꽃, 끝없는 지평선을 향해 가는 듯한 한적한 오솔길을 보면서 느끼는 그 매력에 우리는 단숨에 빠져든다.

세상은 이렇게 노동의 힘으로 이루어지고, 가장 능동적인 주체들은 도처에 숨겨져 있다. 자연은 교묘하게 그 노동을 감춘다. 결과와는 다른 것을 관찰하고 자연이라는 실험실의 비밀을 간파하고 싶다면, 조심스럽게 엿보다가 불쑥 찾아가야 한다.

행복을 위해 작용하는 힘도 우리 사회 곳곳에, 우리 각자의 삶 속에 보이지 않게 자리 잡고 있다. 우리가 가진 최고의 것은 가장 깊은 내면 속에 있는, 말로 형용할 수 없는 것이다. 깊은 내면에 담겨 있는 감성과 직관이 풍부할수록 허영심은 줄어든다.

그런 사람들은 자신을 백일하에 드러내려 안달하는 일을 오히려 모욕적이라 여긴다. 자아 깊은 곳에 오로지 신만이 아는 풍부한 내면세계를 갖는 일은 이루 표현할 수 없는 은밀한 기쁨이다. 그러면 충동과 열정이 생기고 매일 새로운 용기가 샘솟으며 바깥에서 활동할 강력한 원동력이 생긴다.

내밀한 삶을 소홀히 하고 겉으로 드러나는 부분에만 공을 들이면, 결국 그 내밀한 삶은 힘을 잃고 인간은 외관상으로 얻는 모든 것의 가치를 잃는다. 대개는 찬미의 대상이 될수록 가치가 줄어드는 슬픈 운명을 맞는다. 그리고 우리는 여전히 세상에서 제일 좋은 것은 세상에 알려지지 않은 것이라고 확신한다. 가진 자들만이 아는 것이기에 소리 내어 말하는 순간 단박에 그 매력이 사라지고 말기 때문이다.

열렬한 자연 애호가들은 자연에서 후미진 곳, 깊은 숲속, 움푹한 밭고랑 등 무심한 사람은 보지 못하는 곳들을 특히 좋아한다. 그런 곳에서 며칠씩 머물며 시간과 삶을 잊은 채 아무도 침범하지 못하는 고독을 즐긴다. 새가 둥지를 틀거나 새끼에게 먹이를 주는 모습 또는 작은 새들이 우아하게 뛰노는 모습을 바라본다. 그렇게 구속도 허식도 구경꾼도 없는, 그저 아무 근심 없이 지금처럼만 살고 싶다는 소박한 삶의 현실만이 있을 뿐인 자신의 내면에서 우리는 행복을 찾아야 한다.

이름 없는 이들과의 만남을 기억하라

　　　　　이번에는 내가 실제로 생생하게 관찰한 사실 몇 가지를 이야기할까 한다. 신중을 기하기 위해 익명을 쓰도록 하겠다.

내 고향 알자스에는 보주 숲속으로 끝없이 가늘게 이어지는 호젓한 길 위에서 30년 전부터 돌 깨는 작업을 하던 일꾼 아저씨 한 분이 있었다. 당시 초등학생이었던 나는 부푼 마음으로 도시를 향해 가던 중에 그 아저씨만 보면 기분이 좋아졌다. 아저씨가 조약돌을 쪼개면서도 늘 콧노래를 흥얼거렸기 때문이다. 이야기를 잠시 주고받은 뒤 아저씨는 말을 마치면서 내게 이렇게 말했다. "자, 꼬마야, 기운 내고, 건투를 빈다!"

힘들 때나 즐거울 때나 나는 그 길을 지나다녔다. 어린 초등학생은 늘 제 갈 길을 갔고, 돌 깨는 아저씨도 늘 그 모습 그대로였다. 다만 계절에 따라 찾아오는 악천후에 몇 가지 대비만 했을 뿐이다. 짚으로 만든 거적으로 등을 감싸고 얼굴이 가릴 정도로 펠트 모자를 푹 눌러쓰기는 했지만 숲속에는 언제나 아저씨의 힘찬 망치질 소리가 메아리쳤다. 얼마나 많은 돌풍이 아저씨의 등줄기를 후려쳤을까. 아저씨의 인생에, 가족에, 고향에 얼마나 많은 역경이 있었을까. 그래도 아저씨는 계속해서 돌을 깼고, 나는 연로해진 나이와 늘어가는 주름에도 아랑곳없이 웃는 낯으로 친절하게, 특히나 고된 날일수록 돌을 깨는 박자에 맞추어 투박하게 말 몇 마디를 던지는 아저씨와 오며 가며 마주쳤다. 그 소탈한 아저씨를 볼 때마다 도저히 말로 표현할 수 없는 감정이 샘솟았다. 물론 아저씨는 내가 그러리라곤 짐작도 못 했겠지만.

떡갈나무가 자라듯이, 선량한 신이 태양을 솟게 하듯이, 자신을 바라보는 시선에 개의치 않고 묵묵히 제 할 일을 하는 이름 없는 일꾼과 마주칠 때보다 더 위안이 되는 광경은 본 적이 없다. 또 우리 마음속에서 꿈틀대는 허영이 무색히질 만큼 준엄한 광경도 본 적이 없다.

나는 늘 한결같은 사명감으로 평생을 보내신 연로한 선생님들도 많이 보았다. 인간적인 지식의 기초를 깊이 이해하게 해 주고, 때로는 돌멩이보다도 단단한 머릿속에 몇 가지 행동 규범들을 깨우쳐 주신 분들. 그분들은 남들이 그다지 관심을 기울이지 않는 힘겨

"

침묵의 영역이
소음의 영역보다
더 방대하다.

"

운 일을 평생 성심성의껏 하셨다. 이름 없는 무덤 속에 누울 때도 그분들처럼 겸손한 몇 사람 외에는 아무도 그분들을 기억하지 못할 것이다. 그분들이 받는 보답은 그분들의 사랑 속에 있다. 그 이름 없는 분들보다 위대한 이는 아무도 없으리라.

우리 삶의 숨은
구원의 천사들

평소에 우리가 하는 짓이 얼마나 잔인하고 배은망덕하고 한심한지도 모른 채 무심코 조롱의 대상으로만 삼던 사람들에게서도, 찾으려고만 들면 많은 미덕이 감춰져 있음을 알 수 있다. 가령, 노처녀들을 예로 들어 보자. 사람들은 촌스러운 옷차림과 거동을 지적하며 그녀들을 재미 삼아 놀린다. 사실은 전혀 중요하지 않은 것인데도 말이다. 뿐만 아니라 노처녀들은 지독히 이기적이어서 자기 자신과 자신이 키우는 애완용 새나 고양이를 제외하고는 모든 일에 무관심하고, 어떤 완고한 독신 남성에게도 절대 지지 않을 만큼 자기중심주의일 거라고 끊임없이 주지시킨다.

대개 이런 말들은 우리가 본받아 마땅한 많은 노처녀들의 삶 속에 겸허히 감춰진 희생이 얼마나 막대한지 모르고 떠들어 대는 말들이다. 그들에게는 자기 자신을 위한 가정도, 사랑도, 미래도, 야심도 없지 않은가. 특히나 허전한 마음에 너무도 버거운 고독이라는 십자가를 홀로 짊어지고서도 어느새 자기 자신은 잊는다. 늙은 부모와 부모 잃은 어린 조카들, 가난한 이들, 장애인들을 보살피는 일, 즉 난폭한 삶의 구조가 내동댕이친 잉여 같은 이들을 돌보는 일에만 관심을 쏟는다.

바깥에서 보면 이 윤기 없는 존재들에게 남은 거라고는 미약한 광채뿐이어서 선망보다는 동정심을 더 자극한다. 이들은 때로는 조심스레 다가가 그 가녀린 어깨로 신성하면서도 애처로운 비밀이나 커다란 시련, 벅찬 부담을 기꺼이 짊어진다. 하지만 어디까지나 그건 그늘진 쪽에 불과하다. 그 풍요로운 마음, 순수한 선의, 사랑하고 위로하고 희망하는 능력, 혼자서도 즐겁게 지내는 재주, 심지어 자격이 없는 사람들에게조차 온화함과 용서로 대하는 그 불굴의 끈기를 높이 평가해야 한다.

우리가 딱하게 여기는 그 노처녀들이 얼마나 많은 조난자를 구하고, 부상자들을 치유하고, 길 잃은 사람들을 부축하고, 가난한 사람들에게 옷을 입히고, 고아들과 주변에 아무도 없는 외로운 사람들을 얼마나 많이 거두었는지는 아무도 알지 못한다. 아니, 내 생각이 틀렸다. 분명 누군가는 그들을 알아주는 이가 있을 테고, 그렇다면 그분은 우리의 삶을 보듬고 우리의 불행에 함께 아파하는 위대하고 신비로운 동정녀일 것이다. 그녀들처럼 잊히고 흔히 모욕당하는 그분이 그녀들에게 더없이 신성한 임무를 맡겼기에, 이 따금 그녀들이 사뿐히 지나는 길에 구원의 천사가 날갯짓을 하는 소리가 들리는가 보다.

선량함은
어디에 깃드는가

선은 너무도 다양한 모습으로 감춰져 있어서 교묘히 숨겨진 악행을 찾아내는 것만큼이나 발견하기 힘들 때가 많다. 한 러시아 의사는 정치적 이유로 강제 노역을 선고받고 시베리아에서 10년을 살면서 관찰한 여러 죄수와 간수들의 관대함, 용기, 인류애의 특징들을 이야기하길 좋아했다.

그러면 누군가는 이렇게 말하고 싶을지 모른다. 그래서 선은 대체 어디에 깃들인단 말인가? 실제로 우리는 살면서 간혹 예기치 못했던 일들이나 너무도 극명한 명암에 당혹스러울 때가 있다. 선량한 사람 중에 실은 인정머리 없고 무정한 사람들인데도 그들이 속한 세계에서, 그러니까 정부나 교회에서 거의 보증하다시피 공인되어 감히 누구도 절대 반박할 수 없는 사람들이 있으니까. 그러한 반면 가끔은 엉뚱한 사람들에게서 진정한 자애와 헌신하고자 하는 욕망 같은 것을 발견하고는 깜짝 놀라기도 한다.

남의 불행에는 민감하고
자신의 업적에는 초연하기

보이지 않는 선행에 있어서 오늘날 가장 편파적으로 대우받는다고 여겨지는 사람들, 즉 부자들에 대한 이야기를 해 보자.

어떤 사람들은 자본이란 것에 비열하다는 오명을 씌울 때 부자들이 결정적인 역할을 했다고 생각한다. 그들이 생각하기에 막대한 재산을 소유하고 있는 사람들은 전부 불쌍한 사람들의 피로 배를 불린 괴물들이다. 그처럼 열변을 토하지는 않더라도 다른 사람들도 그 못지않게 이기주의와 무감각과 부유함을 끊임없이 혼동한다. 본의 아닌 실수든 계산된 실수든, 잘잘못은 가려야 한다. 분명 누구에게도 관심을 두지 않는 부자들도 있고, 그저 과시하려고 선행을 하는 부자들도 있다. 사실 우리도 이를 잘 알고 있다. 그렇다면 비인간적이고 위선적인 부자들 때문에 남몰래 베푸는 겸손한 부자들의 선행마저 감쪽같이 가려지는 걸까?

나는 인간의 감정으로 감당할 수 있는 온갖 불행이란 불행을 다 겪은 사람을 알고 있다. 그는 사랑하는 아내를 잃고 자식들마저 모두 연달아 땅에 묻었다. 하지만 그에게는 그간 성실히 일해서 모은 막대한 재산이 있었다. 그는 자신에게 드는 돈은 최대한 아껴 검소하게 살면서 짬을 내 선행을 하고 그것을 성장할 기회로 삼기로 했다. 그가 수치스러운 가난 탓에 현행범이 된 사람들을 얼마나 자주 찾아갔는지, 비탄에 빠진 사람들을 위로하고 그 어두운 삶을 조금이나마 밝혀 주려 얼마나 안간힘을 썼는지, 친구들도 모르게 그들을 얼마나 사려 깊게 보살펴 주었는지는 아무도 상상할 수 없을 정도다. 다른 사람들에게 선행을 베풀고 나서 그들이 어리둥절하며 놀라는 모습에 기뻐하는 일이 그의 낙이었다. 그는 운명의 불공평함을 바로잡고, 불운을 겪은 가족들이 행복에 겨워 눈물을 흘리게하는 일을 즐겼다. 또 정체가 들통 날지 모른다는 유치한 두려움을품은 채 그늘 속에서 끊임없이 일을 꾸미고 모의했다. 그가 베푼훌륭한 선행들은 결국 그가 죽고 나서야 알려졌는데, 얼마나 많은선행을 했는지는 여전히 다 알 길이 없다.

그 사람이야말로 참된 의미의 사회주의자가 아니었을까! 사회주의자에는 두 종류가 있다. 다른 사람들이 가진 재산을 가로채려는이들은 너무 많다. 그렇게 되려면 욕심만 많으면 된다. 가진 것이없는 사람들과 나누고자 하는 이들은 드물고 귀하다. 이런 훌륭한부류에 속하려면 동포들의 행복과 불행에는 민감하고, 자신에게는 초연한 정직하고 고귀한 마음을 갖고 있어야 한다. 다행스럽게도 이런 진정한 사회주의자들이 완전히 사라지지는 않았다. 그래서 나는 그들이 바라지도 않은 찬사를 그들에게 바치며 순수한 만족감을 느낀다.

내가 했던 이야기를 자꾸 곱씹더라도 너 그러이 양해해 주기를 바란다. 너무도 많은 악행과 비방, 염세주의, 사기로 인한 씁쓸함에서 해방되어, 보다 아름다운 무언가에 눈길을 돌리고 소박한 선의가 피어나는 외딴곳의 향기를 맡는 것은 기분 좋은 일이다.

파리 생활에 별로 익숙하지 않은 한 외국인 부인이 최근 이곳에서 자신의 눈앞에 펼쳐진 광경을 보고 얼마나 경악했는지 나에게 이야기한 적이 있었다. 저속한 벽보들, 노골적인 신문들, 머리칼을 물들인 여성들, 경마장으로, 무도장으로, 도박장으로, 타락으로 몰려드는 군중, 추상적이고 세속적인 그 모든 삶의 흐름. 그 부인이 차마 바빌론이라는 말을 입에 담지 못한 건 분명 이 퇴폐적인 도시에 사는 사람들에 대한 연민 때문이었으리라.

"맙소사! 맞아요. 슬픈 일이죠, 부인. 하지만 부인이 보신 게 전부는 아닙니다."

그러자 부인이 대꾸했다.

"다 본 게 아니라니, 하늘이 도우셨네요!"

"오히려 부인이 전부 보셨으면 좋았겠는걸요. 몹시 추한 내면도 있지만, 대단히 위안되는 면도 있으니까요. 그리고 자, 거리를 바꾸어서 몇 시간만 더 관찰해 보세요. 파리의 아침 풍경을 보시면 밤의 파리에 대한 인상을 바꿀 만한 모습들이 보이실 겁니다. 방탕아들, 살인강도들이 빠져나가는 시간에 나오는 많은 일꾼 사이에서 근면히 일하는 청소부들을 보세요. 누더기 속에 감춰진 여인상 기둥처럼 호리호리한 몸과 그 준엄한 얼굴들을 보세요. 간밤 향연의 찌꺼기들을 얼마나 진지하게 쓸어 내는지! 마치 아하수에로 왕(바사 제국 최후의 왕이자 성대한 잔치를 즐겼던 왕—옮긴이)의 부름을 받고 온 예언자들 같죠. 그들 중에는 여자들도 있지만, 노인들도 많습니다. 추운 날씨에는 손끝을 입김으로 불고는 다시 하던 일을 하죠. 그렇게 매일 반복됩니다. 그들도 역시 파리의 주민들이랍니다.

그러고 나서 근교의 작업장들, 특히 주인이 일꾼처럼 근면하게 일하는 작은 작업장에 가 보세요. 자기 소임을 성실하게 수행하는 노동자들을 보세요. 자신이 사는 먼 동네에서 도시의 작업장으로, 상점으로, 사무실로 활기차게 내려가는 아가씨들은 또 얼마나 씩씩한지요. 그리고 안으로 들어가 열심히 일하는 서민 여성을 보세요. 남편이 벌어오는 월급은 쥐꼬리만 하고, 집은 비좁고, 애들은 많죠. 대개 남편은 무뚝뚝하고요. 서민들의 삶, 소박한 살림살이를 자세히 살펴보세요.

그리고 대학생들을 보세요. 부인이 보셨던, 길거리에서 난동을 부리는 학생들도 많지만 공부하는 학생들은 더 많습니다. 단지 그 학생들은 집에 있어서 몰랐던 것뿐이죠. 그들이 대학가에서 얼마나 열심히 공부하는지 안다면! 아마 신문에서 소위 대학생이라는 일부 젊은이들이 벌이는 소동에 대한 기사들을 보셨을 겁니다. 신문에서는 당연히 유리창을 깨뜨리는 젊은이들에 대한 이야기를 많이 하지, 과학이나 역사 문제들을 놓고 밤새도록 씨름하는 젊은이들 이야기를 뭐하러 하겠습니까? 대중은 그런 이야기에는 관심 없거든요. 보세요, 이따금 의대생 하나가 직업적인 의무를 다하다가 희생되어 죽으면 일간지에 두 줄짜리 이야깃감은 되겠죠. 주정뱅이들의 난투극이면 반 단쯤 차지하고 사소한 세부 내용들까지 실릴 테고요. 다만 영웅의 모습이 부족할 뿐입니다. 늘 그런 건 아니지만!

얼마나 봐야 다 봤다고 할 수 있는지 얘기하려면 한도 끝도 없답니다. 부유한 사회와 가난한 사회, 똑똑한 사회와 무지한 사회 전체를 둘러봐야 할 겁니다. 물론 그러고 나서 부인이 더 가차 없이 비판하실 수도 있죠. 파리는 하나의 세상이어서, 일반적인 세상과 마찬가지로 선은 숨겨져 있는 반면 악은 거들먹거리며 다니죠. 표면만 보면 가끔은 어떻게 그렇게 불량배들이 많은지 의아합니다. 하지만 깊이 들어가면 오히려 이 파란만장하고 어둡고 이따금 끔찍하기도 한 삶에 그렇게도 많은 미덕이 있을 수 있는지 놀라게 된답니다!"

이름 없는 영혼들은
우리에게 용기를 준다

그런데 왜 이런 얘기를 장황하게 늘어놓고 있느냐고? 질겁해서 수선 떠는 사람들을 대변해 주고 있는 건 아니냐고? 그렇게 생각한다면 천만의 말씀이다. 내 목적은 눈에 띄지 않는 선행에 주의를 기울여 그런 선행을 무엇보다도 사랑하고 실천하게 하는 것이다.

반짝이며 눈길을 사로잡는 것을 좋아하는 사람은 이해하지 못한다. 다른 것보다 악을 먼저 보기 때문이고, 이목을 끌 정도의 선행에만 익숙하기 때문이며, 따라서 그럴 듯하게 겉만 번지르르한 삶을 살려는 유혹에 쉽게 무너지기 때문이다. 서서히 무대 위 단역의 자리로 밀려나서 관객들의 눈에 보이지 않는 무대 뒤에서마저도 한정된 역할밖에 하지 못하는 시시한 배우가 되고 싶지 않다면, 조명 밖의 무명을 받아들일 줄 알아야 할 뿐만 아니라 사랑해야 한다.

우리는 여기서 도덕적 삶의 기본 요소들을 마주 한다. 조금도 주목받지 못하는 운명을 지닌 소위 보잘것없는 사람들의 경우뿐만이 아니라, 주연 배우들의 경우도 마찬가지다. 어쩌면 더하다. 깃털 장식과 레이스 달린 화려한 차림새로 겉만 화려할 뿐 아무 짝에 쓸모없는 속 빈 강정이 되고 싶지 않다면, 우선은 조명이 닿지 않는 가장 어두운 곳에서도 제 역할을 다하는 이들과 같은 소박한 정신으로 주연 역할을 해야 한다.

이목이 집중될 때 외에는 가치가 없는 사람은 무의미한 사람이다. 늘 남들 눈에 훤히 띄는 맨 앞줄에서 행진하는 아슬아슬한 기분을 느끼고 있지는 않은가? 그렇다면 내면에 있는 차분한 선의 성역을 훨씬 더 많이 보살피자. 건축물을 아래에서 떠받치고 있는 단순함과 겸손한 성실함이라는 넓은 토대를 보자. 그러고 나서 연민과 감사하는 마음으로 이름 없는 사람들 곁에 머물자. 모두 그들 덕분이니까. 그렇지 않은가?

땅속에 있는 보이지 않는 돌들이 건물 전체를 떠받치고 있는, 그러한 든든한 느낌을 살면서 직접 체험한 모든 이들을 나는 증인으로 내세운다. 널리 가치를 인정받은 이들은 모두 입을 모은다. 겸손한 정신적 스승들, 자신에게 영감을 준 잊힌 사람들 덕분이라고. 근면한 농부, 소박한 여인, 패배한 영웅, 자식들의 존경을 받는 평범한 부모 같은 소수의 좋은 사람들은 아름답고 고귀한 삶을 상징한다.

그들의 사례는 우리에게 영감을 불어넣고 힘을 북돋운다. 그들을 잊지 않고 기억하는 한 우리는 언제나 양심 앞에 떳떳할 수 있다. 시련의 순간에 용감하고 차분했던 그들을 떠올리면 한결 부담이 줄어든다. 우리가 싸움터에서 발을 헛디디고 비틀대지 않도록 그들은 보이지 않는 구름처럼 포근히 에워싼다. 그들은 인류의 보물이 세상에 알려지지 않은 선행임을 매일 우리에게 증명해 준다.

10

가정생활과
사교생활

La vie
simple

가족 중심의 정신과
가족 이기주의는 다르다

제2제정 시대에 황제가 자주 들르던 해수욕장에서 그다지 멀리 떨어지지 않은 곳, 지방 군청 중에서도 제일 예쁜 군청에 아주 훌륭하고 똑똑하기까지 한 시장이 있었다. 그러던 어느 날 문득 그는 황제가 자신의 집에 들를지도 모른다는 생각이 들었다. 그러한 생각이 들기 전까지만 해도 그는 조상 대대로 물려받은 오래된 저택에서 사소한 추억들을 존중하며 살아왔다. 그런데 프랑스의 황제를 영접한다는 생각에 사로잡히자마자 완전히 딴사람이 되었다. 이전까지만 해도 충분할 뿐 아니라 심지어 편안하게까지 느껴졌던, 부모와 조상들이 사랑했던 그 모든 단순함이 갑자기 천하고 추하고 경멸스럽게 보인 것이다. 감히 황제에게 초라한 나무 계단을 오르게 하고, 낡은 소파에 앉도록 권하고, 구닥다리 양탄자에 발을 디디게 하다니, 있을 수 없는 일이었다. 그래서 시장은 건축가와 벽돌공을 불러 곡괭이로 담장을 부수고 칸막이벽을 허물어, 집의 나머지 부분으로 전체적인 비율상 어울리지 않는 호화롭고 넓은 응접실을 만들도록 했다. 그리고 그 자신은 가족과 함께 사람과 가구가 한데 뒤엉켜 복닥거리는 비좁은 방 안에 틀어박혔다. 경솔한 짓으로 지갑을 거덜 내고 집 안은 뒤죽박죽으로 만들어 놓고서 황제를 기다렸다. 하지만 불쌍하게도 그는 제국이 최후를 맞는 모습은 보았지만, 황제는 끝끝내 보지 못했다.

이 불쌍한 사내의 미친 짓은 의외로 그렇게 낯설지 않다. 세상의 요구에 따라 가정생활을 희생하는 사람들은 모두 이 남자처럼 머리가 돈 미치광이들이다.

이런 희생의 위험은 시대가 어수선할수록 더 위협적이다. 요즘 사람들은 그런 위험에 끊임없이 노출되어 있고 상당수가 거기에 견디지 못하고 굴복한다. 세속적인 관습이나 야망을 충족시키기 위해서 너무도 많은 가문의 재물이 헛되이 낭비되었지만, 그런 불경한 희생으로 얻으려 했던 행복은 영원히 손에 들어오지 않는다. 가족의 단란함을 포기하고, 올바른 전통을 내동댕이치고, 가족의 소박한 풍습을 내팽개치는 일은 어떤 보상을 받든 어리석은 흥정이다. 사회에서 가정의 위치란 그런 것이어서 그 자리가 약해지면 사회 조직 전체에서 혼란이 느껴진다. 정상적인 발전을 누리려면 사회 조직의 개개인들이 자신만의 가치와 개인적인 특징으로 잘 단련되어야 한다. 그렇지 않으면 사회는 그저 동물의 무리가 되어 가끔은 목동 없는 양 떼가 되고 만다.

그렇다면 개인은 자신의 독창성을, 다른 사람들과는 변별되는 자질들이 모여서 공동체의 풍부함과 견고함을 이루는 그 독특한 무언가를 어디서 끌어내야 할까? 그것을 끌어올 수 있는 곳은 가족밖에 없다. 저마다에게 마음의 고향과도 같은 일상과 추억의 성좌를 파괴하는 일은 개성의 근원을 고갈시키고 공공심의 뿌리마저 잘라 내는 일이다.

모든 가정이 가족들끼리 잊을 수 없는 정신적 영향을 주고받는 심오하고 훌륭한 세계가 되는 일은 나라를 위해서도 중요하다. 여기서 다음 말을 이어가기 전에 한 가지 오해를 풀고 가자. 세상의 아름다운 모든 것들과 마찬가지로 가족적인 정서에도 가족 이기주의라고 불리는 나름의 풍자화가 있다. 어떤 가족들은 바깥세상을 활용하기 위해 조직된, 빗장을 지른 폐쇄적인 성채와도 같다. 그들은 자신들과 직접 관련되지 않은 모든 일에 무관심하다. 자신들이 사는 사회에서 식민지 개척자의 상태로, 그러니까 거의 불법 침입자들처럼 살아간다. 그들의 배타주의는 인류의 적이라 해도 과언이 아닐 정도로 지나치다. 역사적으로 이따금 형성되었던 막강한 사회들의 작은 축소판처럼 세상으로부터 절대적인 패권을 빼앗아 움켜쥐고는 자신들 외에는 아무것도 중요하게 여기지 않는다. 때때로 가족을 사회의 안녕을 위해 파괴해야 할 이기주의의 본거지로 여겨지게 하는 것이 바로 그런 정신이다. 애국심과 국수주의 사이에 어마어마한 차이가 있는 것처럼 가족적인 정서와 가족 이기주의 사이에도 큰 차이가 있다.

속물주의는
어디서 오는가

여기서 우리가 이야기하는 건 가족적인 정서다. 세상에 그 무엇도 이에 비길 만한 건 없다. 가족적인 정서에는 사회 제도의 지속성과 힘을 보장하는 위대하고 간단한 미덕들이 모두 잠재되어 있기 때문이다. 가족적인 정서의 토대는 과거에 대한 존중이다. 한 가족이 지닌 가장 중요한 자산이 바로 함께 나눈 추억이기 때문이다. 감히 손댈 수도 없고 나눌 수도 없으며 양도할 수도 없는 자산인 그 추억은 구성원 각자가 더없이 소중하게 여겨야 하는 신성한 기금이다.

그 추억은 생각과 현실이라는 이중 형태로 존재한다. 언어에서, 생각 습관에서, 감정에서, 심지어 본능에서도 드러난다. 그리고 물질적인 형태로는 초상화, 가구, 건축물, 의복, 노래 등을 통해서 볼 수 있다. 속물들이 보기에는 하찮을지 몰라도 가족의 추억이 깃든 물건들을 아낄 줄 아는 사람들의 눈에는 어떤 일이 있어도 포기해선 안 되는 소중한 기념물이다.

그런데 지금 우리가 사는 세상에서는 어떤 일이 일어나고 있는가? 속물근성이 가족적인 정서와 싸우고 있다. 모든 싸움이 통렬하지만 이보다 격정적인 건 본 적이 없다. 속물주의는 크고 작은 수단을 동원해, 온갖 새로운 습관과 요구 또는 주장을 동원해 가족의 성소를 침범한다.

이 낯선 정신이 내세우는 권리는 무엇일까? 무슨 근거로 그런 어처구니없는 요구를 하는 걸까? 일반적으로 사람들이 미처 궁금해하지 않는 점이 바로 그 점이다. 우리는 불청객을 상대로 누추한 가난뱅이들이 호화스러운 손님 대하듯 군다. 언젠가는 거추장스러워질 그 손님을 위해서 자신의 정원을 초토화하고, 아이들과 하인들을 닦달하고, 자기 일을 소홀히 한다. 이는 부당하고 무분별한 행동이다. 우리는 누구 앞에서든 용기를 내어 자신의 모습을 지킬 줄 알아야 한다.

속물주의는 온갖 파렴치함을 다 갖고 있다. 예나 지금이나 온갖 특색이 집대성되어 있다. 사람도, 가구도, 습관도 모두 서로 관련된다. 결혼이나 사업 관계 혹은 기쁨을 주고받는 관계를 통해 침입해서는 현대적인 감각이 부족한 모든 것, 촌스럽거나 어색하거나 지나치게 순진한 것들을 모조리 찾아낸다. 처음에는 가볍게 트집 잡고 빈정거리는 선에서 그친다. 그런데 이때가 제일 위험한 순간이다. 조심하라, 그게 바로 적이니까! 조금이라도 그 논리에 흔들리면 내일은 가구를, 모레는 고색창연한 전통을, 그리고 그렇게 차츰차츰 소중한 마음의 기념물들과 친숙한 물건들을 희생시키게 될 테고, 결국은 효심마저도 고물장수에게로 사라질 것이다.

새로운 습관과 바뀐 환경에서 옛 친구들과 늙은 부모는 낯설어 할 것이다. 그러면 이제 그다음은 한 걸음 더 나아가 그들을 버릴 차례다. 속물주의는 옛것을 도외시하니까. 결국은 그렇게 완전히 바뀐 환경 속에 있는 자신마저 낯설어진다. 친숙한 건 아무것도 없다. 하지만 그 편이 맞을지 모른다. 적어도 속물근성은 충족되었을 테니까. 아, 바로 그것이 실수다. 머지않아 순수한 보물을 헌신짝처럼 내다 버리고는 새 하인 제복을 얻어 입은 듯한 한심한 몰골이 수치스러워지기 때문이다. 차라리 처음부터 소신껏 가정을 지켰어야 했다.

많은 젊은이가 결혼하면서 속물주의에 솔깃해진다. 부모는 수수한 삶의 본보기를 보였건만, 새로운 세대는 자신들이 보기에 지나치게 가부장적으로 보이는 방식은 거부하면서 존재에 대한 권리와 자유를 주장한다고 생각한다. 그래서 막무가내로 최신 유행에 맞추어 치장하고는 아직 쓸 만한 물건을 헐값에 처분한다. 우리에게 '잊지 마!'라고 말하는 물건들로 집을 채우는 대신, 아무 의미도 없는 새 가구들을 들여와 집을 치장한다.

아니, 내가 착각했다. 그 물건들은 이를테면 대개는 쉽고 피상적인 인생의 상징과도 같다. 그 속에서 뭔지 모를 자극적인 속세의 연기를 들이마신다. 그 물건들은 바깥세상, 분주함, 혼란스러움 등을 상기시킨다. 이따금 그 생활을 잊으려고 하면 그 생각을 되돌리며 다른 의미에서 이렇게 말한다. '잊지 마!' 클럽이나 공연, 경마장에 갈 시간을 잊지 말라는 뜻이다. 그러면 집은 오랫동안 비워 두었다가 잠시 쉬러 온 임시 거처 정도로만 꾸며진다. 그래서 오래 머물기엔 좋지 않다. 그 집엔 영혼이 없어서 우리의 영혼에 말을 걸어오지도 않으니까. 시간이 되면 자고 먹은 뒤에 빨리 거기서 나가야 한다. 그렇지 않았다가는 집 안에 틀어박혀 반수(半睡) 상태가 될지도 모른다.

외출에 집착하며 어디든 자신이 나서지 않으면 세상이 멈출지도 모른다고 생각하는 이들은 어디에나 꼭 있기 마련이다. 집에서 가만히 있는 일 자체가 끔찍한 고역이라 집 안에 틀어박힌다는 건 생각도 할 수 없는 사람들 말이다. 가정생활을 그렇게 끔찍하게 여기다 보니, 그들은 집 안에서 공짜로 노느니 차라리 돈을 들여 밖에서 심심한 편을 택한다.

우리가 지켜야 할
기본 가치, 가족

사회는 이렇듯 서서히 무리 짓는 삶을 향해 이끌린다. 하지만 햇볕의 파리 떼처럼 무리 짓는 삶을 공적인 삶과 혼동해서는 안 된다. 세상살이는 다 비슷한 듯하지만, 실은 사람마다 살아가는 모습은 다 제각각이다.

그리고 이 보편적인 진부함은 공공 정신의 본질 자체를 파괴한다. 군이 멀리 가지 않아도 속물주의가 현대 사회를 얼마나 황폐화시켰는지 얼마든지 확인할 수 있다. 토대, 균형, 좋은 의미에서의 고요함, 자주적인 행동 등이 거의 사라진 가장 큰 이유는 아마도 가정생활이 줄어들어서일 터다. 군중은 사교계를 그대로 따라 하고, 서민들은 너무 속물이 되었다. 속물근성이 생긴 그들은 집 밖으로 나가 술집에서 살다시피 한다. 그 원인을 누추함, 집의 곤궁한 상태만으로 설명하기엔 충분치 않다. 왜 농부는 아버지와 조부모가 그렇게도 좋아했던 집을 버리고 여인숙으로 가는 걸까? 집은 늘 그대로인데, 굴뚝도 그 안의 불도 한결같은 모습 그대로인데……. 젊은이들과 노인들이 서로 부대끼면서 옹기종기 모여 지내던 화목함은 어쩌다가 깨진 걸까?

인간 정신의 무언가가 변했다. 사람들은 위험한 충동을 이기지 못하고 단순함과 단절했다. 아버지들은 명예로운 지위를 포기했고, 아내는 휑뎅그렁한 아궁이 곁에서 하는 일 없이 지루해지고, 아이들은 서로 싸워 대며 호시탐탐 집을 나갈 차례가 되기만을 기다린다.

이제 우리는 가정생활과 가족 전통의 중요성을 다시 배워야 한다. 과거의 유물인 기념물도 독실한 배려가 있었기에 일부나마 보존할 수 있었다. 옛 의상도, 지방 방언도, 옛 노래도 다행히 그 진가를 알아보는 사람들이 있어 세상에서 사라지기 전에 거두어졌다. 그 위대한 과거의 조각들, 조상들의 영혼이 남긴 흔적들을 지켜 주어 얼마나 다행인가! 우리도 어떤 형태로든 아직 남아 있는 가족의 전통을 구하여 되도록 오래 지켜 나가자.

가족 정신이 있는 곳에 평온이 깃든다

그런데 지켜야 할 전통이 누구에게나 있는 건 아니다. 가정생활을 일구고 돌보려는 노력을 더 많이 할 이유도 마찬가지다. 그러기 위해서는 가족이 많을 필요도, 집이 넓고 화려할 필요도 없다. 가족 정신만 있으면 얼마든 가족적인 삶을 만들 수 있다. 아무리 작은 마을이라도 나름의 역사와 도덕적인 흔적이 남아 있듯이 아무리 작은 집이라도 나름의 영혼을 지닐 수 있다. 아! 인간적인 집에서 우리를 둘러싸는 그 분위기, 장소의 기운이란! 그 신비로운 세상이란!

한쪽에서는 문가에서부터 한기가 스며든다. 어딘가 불편하면서도 종잡을 수 없는 무언가가 마음을 불쾌하게 만든다. 그런데 문을 닫고 들어서는 순간 온기와 아늑한 기분이 우리를 감싼다. 흔히 벽에도 귀가 있다고 하는데, 벽에는 목소리도, 무언의 설득력도 있다. 집 안에 있는 모든 것에 사람들의 정신이 감돈다. 심지어 독신 남성과 외로운 여성들의 집에서도 그 정신의 위력이 얼마나 대단한지 증명할 수 있다.

사람들의 방 사이에는 심연과도 같은 깊은 차이가 있다. 어떤 방에는 무기력, 무관심, 속물근성이 배어 있어서 책과 사진들을 정돈하는 방식에서조차 '아무래도 난 상관없어!'라고 하는 그 사람의 신조를 고스란히 읽을 수 있다. 반면에 어떤 방에서는 삶의 기쁨과 쉽게 전달되는 활력이 숨결처럼 배어 나온다. 그 방을 찾은 손님은 무수한 형태로 자신에게 말을 걸어오는 뭔가를 감지한다. 그 방은 이렇게 말한다. '당신이 어떤 사람이든, 시간의 주인인 당신에게 좋은 일이 생기기를, 평화가 깃들기를!'

가정생활의 위력, 창가에서 애지중지 키우는 꽃들의 영향력, 두 볼이 통통한 손자들의 입맞춤에 주름진 손을 내밀던 할아버지 소유의 낡은 소파가 주는 매력은 말로는 다 표현할 수가 없다. 가엾은 현대인들, 허구한 날 이사하고 변화해야 하다니! 우리의 도시,

집, 관습, 믿음의 형상을 하도 바꾼 탓에 이제는 마음을 의지할 곳도 없어졌다.

더는 가정생활을 포기하면서 불확실한 우리 존재의 슬픔과 공허를 키우지 말자. 꺼진 화덕에 다시 불을 지피자. 아무도 침범 못 할 은신처를, 아이들이 어른이 될 따뜻한 보금자리를 만들자. 사랑이 은신처를 찾을 수 있도록, 노년이 휴식을 취할 수 있도록, 기도 드릴 제단을 찾을 수 있도록, 조국이 숭배받을 수 있도록.

11

단순한
아름다움

La vie
simple

사치에 대한
애호

어떤 이들은 심미관을 내세우며 단순한
삶의 구성 자체에 반박하거나, 경제활동의 섭리, 예술 활동 장려,
문명사회의 긍지 등을 들먹이며 호사가 유용할 때도 있다고 반박
할지도 모른다. 이제 몇 가지를 짤막하게 지적하며 그들에게 답변
을 해 볼까 한다.

여기서 우리가 얘기하려는 정신이 확실히 실리주의가 아닌 건
분명하다. 우리가 추구하는 단순함이 구두쇠의 인색함이나 편협한
사람들이 위선적인 엄격함으로 자처하는 무언가와 공통점이 있다

고 생각한다면 큰 오산이다. 구두쇠들에게 단순한 인생은 가장 돈이 들지 않는 인생이다. 그런가 하면 편협한 사람들의 인생은 매력적으로 빛나는 모든 것을 포기하는 생기 없고 음울한 삶이다.

재력가들이 부를 축적하는 대신 재산을 순환시켜 상업을 살리고 미술을 번성시키는 행위는 조금도 못마땅한 일이 아니다. 어쨌든 그들은 자신들의 특혜 받은 상황을 훌륭하게 활용하는 셈이니까. 우리가 반대하는 건 어리석은 낭비와 부를 이기적으로 사용하는 일, 누구보다 곤궁한 사람들을 돌보고 배려해야 마땅한 자들이 필요 이상의 것들을 추구하는 일이다. 예술을 후원하는 사람의 후한 씀씀이가 사회에 미치는 영향은, 놀랄 정도로 호사스러운 생활을 하는 저속한 향락가의 낭비벽과는 사뭇 다르다. 똑같이 돈을 뿌린다 해도, 그 둘의 의미는 완전히 다르다. 돈을 뿌리는 데에도 여러 가지 방식이 있어 사람을 기품 있게 만들기도 하고 천박하게 만들기도 한다. 게다가 돈을 뿌린다는 얘기는 그만큼 풍부하게 갖추었다는 의미다. 하지만 그들이 화려한 삶을 추구하느라 빈곤한 사람들의 몫을 빼앗는다면 문제는 완전히 달라진다.

절약해야 할 사람들이 오히려 재산을 함부로 허비하는 추세는 요즘 들어 부쩍 충격적이다. 베푸는 마음은 우리가 기꺼이 인정해야 할 사회에 대한 혜택이다. 엄밀히 따지면 일부 부자들의 낭비가 잉여분을 유통하는 안전장치라고 주장할 수도 있다. 이 점에 굳이 반박할 생각은 없다. 단지 절약하는 편이 자신들에게도 이익이요 의무일 텐데도, 그 안전장치를 즐기는 사람들이 너무 많다는 점을 지적하고 싶다. 그들의 사치와 낭비벽은 사적으로는 불행한 일이요, 공적으로는 위험한 일이다.

화려함과 아름다움은 다르다

이번에는 유익한 호사에 관해 이야기해 보자.

이제는 심미안적인 문제에 관해서 최대한 전문적인 영역은 다루지 않으면서 조심스럽게 설명하고자 한다. 우리는 흔히 단순함과 아름다움을 두 경쟁자로 착각한다. 하지만 단순함은 추함과 비슷한 말이 아니다. 화려함, 과도함, 세련됨, 값비쌈 또한 아름다움과 비슷한 말이 아니다.

원색적인 아름다움, 돈에 매수되는 예술, 기품과 영혼이 없는 화려함은 눈살을 찌푸리게 만든다. 가끔은 부유함과 형편없는 취향이 결탁해 수중에 쥔 그 많은 돈으로 저속한 작품들을 경악할 정도로 많이 만들어 낸다는 사실이 안타까울 때도 있다. 요즘 예술은 문학만큼이나 단순성이 결여되어 있다. 지나치게 덧붙인 장식, 부자연스러운 수식, 무리하게 꾸며진 상상력 등등. 어쩌다가 완벽함

"

집과 옷에
기품과 매력을 불어넣기 위해
꼭 부자일 필요는 없다.
훌륭한 안목과 선의만 있으면 된다.

"

과 단순함을 겸비한 선과 형태와 색채를 바라보노라면 확실히 눈길과 마음을 모두 사로잡히고 만다. 걸작에 쐐기를 박는 불멸의 아름다움이 간직한 이상적인 순수함 속에 다시금 흠뻑 빠져들 필요가 있다. 그런 걸작에서 뿜어져 나오는 한 줄기 광채는 어떤 성대한 전시회보다도 눈부시다.

훌륭한 안목과 선의가
아름다움을 만든다

여기서 우리가 가장 우선시해야 하는 점이 있다. 그것은 바로 매력을 발산하려면 결코 빠져선 안 될 광채를 삶에 부여하려는 인생의 평범한 미학, 즉 집과 인간 됨됨이를 더 아름답게 꾸미고자 하는 관심에 대한 이야기다. 없어도 그만이지만 삶에는 필요한 그 광채에 관심을 두고 안 두고는 사소한 문제가 아니다. 삶에 영혼을 불어넣는지 그렇지 않은지를 이를 통해 알 수 있기 때문이다.

나는 형태를 완벽하고 아름답게 이상화하는 데 몰두하는 일을 낭비로 여기지 않는다. 오히려 되도록 잘 유지해야 한다고 생각한다. 심지어 자연도 우리에게 본보기를 보여 준다. 인간의 짧은 세월을 치장하는 덧없는 미의 광채를 무시하는 사람은, 금세 지고 마는 꽃이나 늘 똑같은 산도 한결같은 관심과 애정으로 채색하셨던 그분의 의도를 알아차리지 못할 터다.

하지만 진정한 아름다움과 허울뿐인 아름다움을 혼동하게 하는 조잡한 유혹에 빠져선 안 된다. 존재의 시적인 아름다움은 우리가 거기에 어떤 의미를 부여하는가에 달려 있다. 우리의 집이나 탁자 그리고 차림새는 우리의 의도를 담고 있어야 한다. 그러려면 우선은 의도를 가져야 하고, 또 그 의도를 가장 간단한 방법으로 명확하게 전달해야 한다. 집과 옷에 기품과 매력을 불어넣기 위해서 꼭 부자일 필요는 없다. 훌륭한 안목과 선의만 있으면 된다. 우리는 여기서 각자에게 대단히 중요한 점을 다루고 있는데, 어쩌면 이 문제는 남자들보다 여자들이 관심을 더 많이 가질 듯하다.

여자들이 투박한 옷감으로 옷을 해 입거나 부대 자루처럼 볼품없는 천편일률적인 옷으로 제 몸을 가리는 짓은 자연의 가장 신성한 부분을 왜곡하고 만물의 이치를 무시하는 처사다. 옷이 추위나 비를 피하기 위한 예방책에 지나지 않는다면 천조각이나 짐승 가죽 한 장만으로도 족할 테지만, 분명 옷은 그 이상이다.

인간은 자신이 하는 모든 일에 자기 자신을 고스란히 담고, 사물을 자신이 사용하는 신호로 바꾼다. 옷은 단순히 몸을 덮는 가리개가 아니라 하나의 상징이다. 민속 의상과 지방 의상 그리고 옛날 동업조합 의상의 풍부한 꽃무늬만 보아도 충분히 알 수 있다. 여성들의 옷치장도 마찬가지다. 의상에 담긴 의미가 많을수록 가치는 돈보인다. 따라서 옷치장이 정말 아름다워지려면 개인적이고도 진정한 아름다움을 드러내야 한다. 세상의 돈을 모조리 다 퍼붓는다고 할지라도 옷차림이 그저 평범하기만 할 뿐 그 옷을 입는 사람과 아무런 관계도 없다면 이는 가면이자 괴상한 차림새에 지나지 않는다. 지나치게 유행을 따른 옷은 완전히 관습대로만 디자인해서 여성의 개성을 말살하고 오히려 매력을 빼앗는다. 이런 남용 탓에 여성들이 동경하는 많은 것들이 남편이나 부모에게 경제적으로 민폐를 끼치고, 또 그만큼 그들의 미모도 해친다.

만일 어떤 아가씨가 잘 선별하여 탁월하기까지 한 용어로 생각을 표현하긴 하는데, 어쩐지 대화 입문서의 문구를 원문 그대로 읊조리는 듯하다면 어떨까? 그 빌려 쓴 언어에서 어떤 매력을 느낄 수 있을까? 아무리 예쁘게 만들었다 해도 모든 여성을 천편일률적으로 보이게 만드는 치장도 매한가지다.

이쯤에서 내 생각과 관련된 카미유 르모니에(19세기 말 벨기에의 소설가이자 미술 평론가 — 옮긴이)의 글 한 대목을 인용하지 않을 수가 없다.

"자연은 여성의 손가락에 매력적인 기술을 불어넣었고, 여성은 본능적으로 이를 알아차린다. 그리고 비단을 잣는 애벌레나 민첩하고 섬세하게 레이스를 짜는 거미처럼 그것이 특별한 자신만의 기술이라는 걸 안다. 여성은 시인이자 기품과 순진함을 지닌 예술가이고, 사랑받을 줄 아는 안목이 있는 신비의 방적공이다. 다른 예술 분야의 남성에 뒤처지지 않으려 여성이 쏟아 붓는 어떤 재능도, 그 노련한 손으로 짓는 수수한 천 쪼가리에 담긴 정신과 개념에 비하면 아무것도 아니다.

그 솜씨가 그보다는 더 대접을 받으면 좋을 듯하다. 이는 교육을 통해 자신의 정신으로 생각하고, 자신의 마음으로 느끼고, 가장 깊은 곳에 있는 작은 특성들인 보이지 않는 자아를 표현해야 하는 것과 다르지 않다. 억제하고 평준화시켜 획일화되어선 안 된다. 나는 장차 어머니가 될 젊은 아가씨들이 일찌감치 그 치장의 미학을 지닌 작은 심미가, 즉 독자적인 양재사가 되어 자신의 옷은 물론이고 언젠가는 자녀들의 옷도 만들 수 있기를 바란다. 다만 탁월한 안목과 그 자리에서 뭐든 만들어 내는 재주로 그 걸작에 여성스러운 개성과 솜씨를 담아내야지, 그렇지 않으면 여성은 헝겊 꾸러미에 지나지 않게 된다.”

직접 만든 옷이니, 언제든 자신에게 가장 잘 어울릴 테고 마음에도 쏙 들지 않을까? 이는 여유 있는 여성들도 자주 잊어버리는 사실이다. 도시나 시골에서 일하는 여성들도 마찬가지다. 너도나도 최신 유행을 그럴싸하게 흉내 내어 재단사가 만든 옷을 입고 모자를 쓰면서부터 기품이라고는 거의 찾아보기 힘들어졌다. 자신의 고장 분위기가 물씬 나는 차림으로 소박한 아름다움을 품어 내는 젊은 시골 아가씨의 풋풋한 모습보다 기분 좋은 재능을 또 어디서 찾아볼 수 있을까?

집 안을 정돈하고 꾸미는 방식에도 이와 똑같은 생각을 반영할 수 있다. 인생관을 보여 주는 몸치장, 시처럼 아름다운 모자, 그 자체로 작품인 리본 매듭이 있는가 하면, 나름의 방식으로 정신에 말을 걸어 오는 실내 풍경도 있다. 왜 우리는 집을 아름답게 꾸민다는 핑계로 언제나 독특한 가치를 지니는 그 개성들을 파괴하는 걸까? 왜 공인된 아름다움의 일률적인 유형이 주류를 이루어 호텔 방과 똑같은 침실이나 기차역 인테리어와 똑같은 거실을 만든단 말인가?

한 마을의 집들, 한 지방의 마을들, 방대한 대륙의 지방들을 지나면서 가는 곳마다 판에 박은 듯 짜증 나리만큼 똑같은 형태들을 마주쳐야 한다니 이런 안타까운 일이 또 있을까! 그렇게 넘치는 조악함 말고, 거창하게 멋은 부렸지만 너무도 통속적이어서 따분한 온갖 장식들 말고, 무한한 다양성을 누려야 한다. 눈길을 사로잡는 의외의 것들에서 기쁨을 느껴야 한다. 갖가지 형태로 드러나는 의외의 것들에서 즐거움을 찾아야 한다. 장식 융단에, 가구에, 집의 지붕에, 고물을 귀한 골동품으로 만드는 인간적인 개성을 각인시키는 비법을 되찾아야 한다.

이제 더 단순한 것들에 대한 이야기로 넘어가자. 요즘 많은 젊은이가 하찮게 여기는 집 안의 사소한 부분들에 대해 언급하려고 한다. 실내 단장에 필요한 자질구레한 일들, 즉 허드렛일을 젊은이들이 경시하는 경향은 매우 보편적이면서도 적잖이 해로운 어떤 혼란 때문이다. 이 혼란은 시와 아름다움이 사물 속에 있는가 없는가 하는 것이다. 문학적 소양을 키우거나 하프를 연주하는 것처럼 고 상하고 기품 있는 활동도 있다. 그런가 하면 구두에 왁스 칠을 한 다거나, 빗자루를 들고 방 청소를 하거나, 정성스레 수프를 젓는 일처럼 소소한 육체적인 활동도 있다. 이는 유치한 오류다! 하프 연주나 비질은 아무 관계가 없다. 전부 그것을 잡은 손과 그 손을 움직이는 정신에 달려 있다.

시는 사물 속에 있는 것이 아니라 우리 안에 있다. 조각가가 대리석으로 자신의 꿈을 보여 주듯 우리는 사물에 시를 담아 보여 주어야 한다. 삶과 활동이 겉보기에는 멋있는데도 매력 없이 밋밋하게 느껴질 때가 잦다면 그건 매력을 불어넣을 줄 모르기 때문이다. 움직이지 않는 것에 생기를 불어넣고, 야생의 것을 길들이는 일이야말로 예술의 극치다.

나다워지는 것이
아름답다

미술적인 소양에는 고상하게 만드는 무언가가 있다. 생각과 행동은 결국 시선을 사로잡는 것에 분명히 영향을 받는다. 하지만 예술을 행하고 그 산물을 감상하는 일은 일부에게만 한정된 특권이다. 아무나 아름다운 것들을 소유하고 이해하고 창조할 수 있는 것은 아니다.

하지만 어디에나 스며들 수 있는 인간적인 아름다움이 있다. 바로 우리 아내와 딸들의 손에서 빚어지는 아름다움이다. 아무리 화려하게 꾸민들 아름다움이 없다면? 싸늘한 집이 될 터다. 그 아름다움이 있기에 아무리 휑뎅그렁한 집이라도 활기를 띠고 화사해진다. 기품을 더하고 행복을 키우는 능력 중에서 이처럼 보편적으로 활용할 수 있는 아름다움이 또 있을까?

그 아름다움은 아무리 어려운 상황에서든 가장 빈약한 도구로도 스스로 돋보이게 만들 줄 안다. 방이 작고 지갑은 얇고 탁자가 보잘것없더라도 손재주 있는 여성이라면 질서와 청결함과 단정함을 유지할 방법을 찾아낸다. 그런 여성은 손대는 모든 것에 정성과 솜씨를 담는다. 그들이 볼 때 기왕 하는 일을 더 보기 좋게 해내는 일은 부자들의 특권이 아니라 모두의 권리다. 그들은 그 권리를 활용하여 일꾼에게만 일을 맡겨 놓는 유복한 집들은 범접할 수 없는 기품과 멋으로 집 안을 단장한다.

그렇게 삶은 머지않아 감춰졌던 아름다움, 매력, 내면의 만족으로 풍요로움을 드러낸다. 나다워지는 것, 내가 타고난 환경에서 그 안에 담긴 아름다움을 구현하는 일이야말로 이상적이다. 생기 없는 사물에 혼을 불어넣어서, 아무리 야만스런 사람이라도 느낄 수 있을 만큼 유쾌하고 섬세한 외관에서 기품 있는 영혼이 느껴지도록 하라. 이는 자신이 갖지 못한 것을 탐하거나 남의 장식을 서툴게 모방하려고 애쓰는 것보다 훨씬 가치 있다.

오만과
사회관계의 단순함

La vie
simple

당신이 가진 것들과
본모습을 혼동하지 마라

보다 나은 삶, 보다 안정적이고 강인한 삶에 걸림돌이 되는 장애물들이 외부 환경보다는 우리 내면에 있음을 입증하는 데 오만보다 더 확실한 예는 찾기 힘들 것이다.

사회적 상황들이 다양하고 서로 차이가 나다 보니 불가피하게 온갖 종류의 갈등이 빚어질 수밖에 없다. 더군다나 외적인 욕구를 채우는 데 정신이 팔린다면 사회관계가 어떻게 단순해질 수 있으랴! 무엇보다도 불화를 일으키는 원인은 계급, 지위, 사람에 따라 너무도 다르게 표출되는 운명의 형태 때문이 아니라는 점을 확실히 이해해야 한다. 만일 그런 경우라면 동료들이나 친구들 그리고 비슷한 이해관계와 같은 운명을 가진 사람들끼리는 완벽하게 평화로워야 마땅하다. 하지만 누구나 알다시피 오히려 엇비슷한 사람들 사이에서 일어나는 싸움이 가장 치열하고, 내란보다 지독한 전쟁은 없다. 정작 사람들이 서로를 제대로 이해하지 못하도록 방해하는 것은 무엇보다도 오만함이다. 오만은 우리를 아무도 건들지 못하도록 한껏 몸을 웅크리는 고슴도치로 만든다.

먼저 상류사회 사람들의 오만부터 이야기해 보자. 호화로운 사륜마차를 타고 다니는 부자에게서 거슬리는 점은 그 행렬도, 치장도, 하인들의 수와 당당한 풍채도 아닌 바로 그 사람의 경멸이다. 내가 인격적으로 성숙하지 못했을 때에만 남이 대단한 재산을 소유하고 있다는 사실에 상처 받는다. 하지만 내가 자신만큼 부자가 아니라는 이유로 나에게 흙탕물을 튀기거나, 나를 치고 지나가거나, 안하무인으로 굴면 불쾌해지는 건 당연하다. 무엇보다도 나에게 쓸데없이 고통을 주니까. 아무 근거 없이 나를 모욕하여 굴욕감을 주니까. 그건 내가 인격적으로 성숙하지 못해서가 아니라 그 무례한 오만방자함에 맞서 고개를 치켜드는 보다 고귀한 무언가가 내 안에 있기 때문이다.

그들을 시기한다고 나를 비난하지 않길 바란다. 나는 시기심은 전혀 느끼지 않는다. 다만 인간적인 존엄성에 상처를 입을 뿐이다. 이런 느낌은 아주 가까운 사례로 얼마든지 설명할 수 있다. 인생을 아는 사람이라면 누구나 우리의 말을 수긍할 만큼 충분한 경험을 해 보았으리라. 물질적인 이익에만 골몰하는 일부 계층은 부에 대한 우월감에 사로잡혀 사람들끼리도 마치 주식을 상장하듯 시세를 매길 정도다. 사람의 평판이 금고 안 내용물에 따라 달라진다. 이들 사이에서 상류 계층이란 막대한 재산을 지닌 부류고, 중류 계층이란 어중간한 재산을 지닌 부류다. 그 밑으로는 거의 재산이 없거나 무일푼인 사람들이다. 매사에 그 원칙에 따라 서로를 대한다. 그리고 자신만큼 풍요롭지 못한 이에게 모멸감을 준 사람도 그 역시 자신보다 재산이 많은 사람으로부터 멸시를 받는다. 그렇게 끝없이 서로 비교당하다 보면 어느새 울분이 차올라 들불처럼 번진다. 이는 최악의 감정을 키우기에 완벽한 조건이다.

하지만 비난받아 마땅한 건 부가 아니라 그 안에 담긴 정신이다. 이런 조잡한 발상을 갖고 있지 않은 부자들도 있다. 특히나 부모에게서 부를 물려받아 유복함에 익숙한 사람 중에 많은 편이다. 그런데 그런 사람들조차도 지나치게 유난을 떨어선 안 되는 민감한 부분이 있음을 가끔 잊는다. 가령, 불필요하게 남아도는 것을 만끽하는 일이 뭐가 잘못된 일이냐고 반문할 수도 있다. 그렇다고 굳이 그걸 드러내어 생필품도 부족한 사람들의 감정을 상하게 하고 가난한 사람들 바로 옆에서 사치를 과시해야만 할까? 올바른 안목과 겸양을 갖춘 사람이라면 쇠약하게 죽어 가는 사람 옆에서 자신의 왕성한 식욕과 숙면, 삶의 기쁨을 떠벌리지 않을 것이다. 하지만 그런 배려조차 할 줄 모르는 연민과 조심성이 턱없이 부족한 부자들이 많다. 시샘을 부추길 만한 행동은 다 해 놓고서 남들이 시기한다고 불평하는 건 어처구니없는 일이 아닐까?

그런데 자신이 가진 재산으로 거드름을 피우거나 무의식적으로 사치의 유혹에 빠져드는 사람에게 무엇보다도 부족한 건 바로 분별력이다. 우선은 부를 개인적인 장점으로 여기는 유치한 착각에 빠져든다. 겉과 속을 혼동하는 것만큼 어리석은 자기기만은 없다.

이런 문제를 장황하게 늘어놓고 싶은 마음은 없다. 너무 비통한 일이니까. 그래도 당사자들에게 이런 말을 하지 않을 수가 없다. "당신이 가진 것과 당신 자신의 모습을 혼동하지 않도록 조심하라. 세상의 화려함에 숨겨진 이면을 더 잘 알고 나면 그것이 얼마나 정신적으로 비참하고 유치한 일인지 깨닫게 될 테니." 오만이 우리 앞에 놓는 덫은 사실 너무나 우스꽝스럽기 짝이 없다. 이웃을 혐오하게 만들고 통찰력을 잃게 만드는 사람은 믿지 마라.

소유에도
기술이 필요하다

부의 교만에 빠지는 사람은 가장 중요한 점을 잊는다. 소유에는 일종의 사회적 의무가 따른다는 사실이다. 물론 소유는 개인의 존재 자체와 자유만큼 합법적이다. 이 두 가지는 불가분의 관계를 맺고 있고, 그렇게 기초적인 삶의 조건을 비난하는 건 위험한 몽상에 불과할지도 모른다. 하지만 개인은 모든 면에서 사회와 관계가 있으므로 어떤 일을 하든지 그 전체를 염두에 두어야 한다. 따라서 소유한다는 것은 거드름을 피울 만한 특권이라기보다는 막중한 무게를 느껴야 하는 책임이라 할 수 있다.

사회적 기능을 수행하려면 대개 까다로운 수련 과정을 거쳐야 하듯이 부라고 불리는 기능을 수행하는 데에도 일종의 수련이 필요하다. 이는 소유할 줄 아는 기술, 결코 배우기에 쉽지 않은 기술이다. 가난하든 부자든 대부분 돈만 많으면 가만히 있어도 절로 삶이 평탄해지리라고 생각한다. 그래서 부자가 되는 법을 아는 사람이 그렇게도 적은 것이다. 루터의 유쾌하면서도 독보적인 비유에 따르면 감당하기 힘들 정도의 부를 손아귀에 넣는 일은 당나귀가 하프를 타는 것과 다름없다. 그만큼 제대로 쓸 줄 모른다는 얘기다.

그러니 부자면서도 소박한 사람, 다시 말해서 자신의 부를 인간의 사명을 다하는 수단으로 여기는 사람을 만나면 분명 대단한 사람임이 틀림없으므로 정중하게 인사해야 한다. 그 사람은 장애를 극복하고 시련을 견뎌 내고 저속하거나 예민한 유혹들을 이겨 낸 사람이다. 지갑 속에 든 것과 머리나 마음속에 든 것을 혼동하지 않는 사람이고, 부의 많고 적음과 관계없이 같은 인간들을 존중할 줄 아는 사람이다. 그런 사람은 자신의 특별한 처지를 내세우기는커녕 자신의 의무에 비해 턱없이 부족하다고 느껴 부끄럽게 생각한다. 그런 사람은 더 말할 나위가 없는 인간적인 사람이다. 자신의 재산으로 나머지 사람들과 자신을 갈라놓는 울타리를 치기는커녕 호의적으로 남을 도울 줄 알며, 그 재산을 수완 삼아 다른 사람들에게 늘 한 걸음 더 다가간다. 이기적이고 교만한 사람들 때문에 부자라는 지위의 명예가 실추되긴 했지만, 그래도 부자면서도 소박한 사람은 정의감을 잃지 않은 모든 이들에게 늘 가치를 인정받는다. 그런 사람을 보면 누구나 자신의 모습을 돌아보며 이렇게 자문할 수밖에 없다. '나라면 저런 상황에서 어떻게 했을까? 나도 저렇게 겸허하고 초연하고 올바르게 자신의 재산이 마치 다른 사람들의 것인 양 행동할 수 있었을까?' 세상과 인간 사회가 존재하는한, 격렬한 이해충돌이 벌어지는 한, 시기와 이기주의가 이 땅에남아 있는 한 소박한 정신으로 충만한 부만큼 존경스러운 것은 없으리라. 그런 부라면 용서받고 사랑받아 마땅하다.

권력에는
겸손이 필요하다

부의 부추김을 받은 교만보다 더 위험한 것은 권력을 부추기는 부다. 여기서 말하는 권력은 넓은 의미에서

나 좁은 의미에서나 인간이 다른 인간에게 행사할 수 있는 모든 힘을 뜻한다.

세상을 불평등하게 하는 강력한 사람들이 생기지 않도록 할 방도는 전혀 없어 보인다. 어느 조직이나 힘의 서열을 전제로 한다. 우리는 거기서 결코 벗어나지 못한다. 다만 권력에 대한 욕심이 지나치게 만연한 나머지 진정한 힘에 대한 정신마저 온데간데없이 사라질까 봐 걱정이다. 권력을 잘못 이해하고 남용하면, 아주 작은 권위라도 쥐고 있는 이들은 결국 어디에서나 그 권위를 위태롭게 만들기 마련이다.

권력은 그것을 쥐고 있는 사람에게 아주 막강한 영향력을 행사한다. 그로 인해 혼란에 빠지지 않으려면 대단히 강인한 정신력을 갖고 있어야 한다. 로마 황제들이 절대 권력을 지니던 시절에 그들을 사로잡았던 일종의 광란 상태는 어느 시대에나 존재해 온 보편적인 질병이다. 모든 사람의 내면에는 독재자가 잠든 채 깨어날 기회만을 노리고 있다. 그 독재자는 권력의 최악의 적이다. 용납하기 힘들 정도로 권위를 우스꽝스럽게 실추시키고, 바로 거기에서 수많은 사회적 분규와 마찰 그리고 증오가 생겨나기 때문이다.

누구나 자기 밑에 있는 사람들에게 이렇게 말한다. "이걸 해, 내 뜻이 그렇고 내가 그걸 좋아하니까." 하지만 그건 잘못된 행동이다. 우리 각자에게는 개인 권력에 저항하게 하는 무언가가 있고, 그 무언가는 존중받아 마땅하다. 실제로 우리는 근본적으로 평등하기에 존재만으로 당연히 나에게 복종을 강요할 권리가 있는 사람은 아무도 없다. 그런데도 그런 명령을 내리는 사람이 있다면 나는 모욕감을 느끼며 용납하기 힘들 것이다.

학교에서, 작업장에서, 군대에서, 관공서에서 주인과 하인의 관계와 비슷한 경험을 겪고 어디서든 인간이 인간에게 패권을 행사하는 모습을 조금이라도 보았던 사람이라면 거만하게 권력을 휘두르는 이들이 얼마나 부당한지 알 것이다. 그들은 아무리 자유로운 영혼도 노예의 영혼으로, 다시 말해 반항적인 영혼으로 만든다.

사회적인 파국을 불러오는 이 치명적인 현상은 명령하는 이와 복종하는 이의 처지가 별반 다르지 않을 때 가장 확실하게 나타난다. 가장 무자비한 독재자는 가장 가까이 있는 독재자다. 작업장이나 현장 감독의 태도가 공장 책임자나 소유주보다 더 가혹하다. 병사에게는 장군보다 하사가 더 엄격하다. 가정부보다 안주인이 더 교육을 못 받은 집에서는 그들은 서로 죄수와 간수의 관계가 된다. 자신의 권위에 도취한 하급자의 수중에 떨어진 권력은 불행히도 어디에나 있다!

권력을 행사하는 사람의 첫 번째 의무는 겸손이라는 사실을 우리는 너무나 쉽게 잊는다. 거만함은 권위가 아니다. 우리는 법이 될 수 없다. 법은 모두에게 공평하고, 우리는 단지 법을 해석할 뿐이다. 다른 사람들이 보기에도 타당하게 만들려면 우선 우리 자신이 그 법을 따라야 한다. 인간 사회에서 명령과 복종은 다름 아닌

자발적인 구속이라는 미덕의 두 가지 형태에 불과하다. 우리가 먼저 따르지 않으면 사람들도 우리를 따르지 않는다.

정신적인 영향력의 비결을 알고 싶다면 지배를 단순하게 하는 사람들을 보면 된다. 그런 사람들은 그들이 지닌 기운만으로도 현실의 냉혹함을 부드럽게 누그러뜨린다. 그들의 힘은 계급장에, 직위에, 징계 처분에 있지 않다. 회초리도, 위협도 가하지 않는데도 무엇이든 얻어 낸다. 왜일까? 누구나 그들 스스로가 무엇이든 기꺼이 할 준비가 되어 있다고 느끼기 때문이다. 누군가에게 다른 사람의 시간을, 돈을, 열정을, 심지어는 목숨까지도 희생하도록 요구할 권리를 준다는 것, 그건 그 사람이 기꺼이 그 모든 희생을 할 각오가 되어 있을 뿐만 아니라 내적으로는 이미 희생했기 때문이다. 그런 정신으로 움직이는 사람이 내리는 명령에는, 그 명령에 복종해 그가 본분을 다하도록 돕는 사람들과 교감하는 뭔지 모를 힘이 있다.

인간 활동이 이루어지는 영역 어디에나 병사들을 고취시키고 후원하고 열광시키는 대장들이 있다. 그들의 지휘에 따라 집단은 기적을 낳기도 한다. 그들과 함께라면 무슨 노력이든지 할 수 있고, 흔히 쓰는 표현처럼 불 속이라도 뛰어들 준비가 되어 있다고 느끼며 열정적으로 뛰어든다.

상류층 사람들에게만 오만이 있는 것은 아니다. 보잘것없는 사람들의 오만, 높은 신분의 오만에 못지않은 천한 신분의 오만도 있다.

그 두 오만의 뿌리는 같다. "내가 곧 법이다."라고 말하는 사람은 그러한 태도만으로도 반발을 일으키는 건방지고 강압적인 존재일 뿐만 아니라 자신이 알지 못하는 뭔가가 있다는 사실을 받아들이지 못하는 고집쟁이기도 하다.

뭐든 자신보다 우월한 것을 참지 못하는 사람이 생각보다 많다. 그런 사람들에게는 무조건 의견은 공격, 비판은 중상, 명령은 자유에 대한 침해다. 그들은 규칙을 견디지 못한다. 무언가 혹은 누군가를 존중하는 일은 그들에게는 미친 짓이나 다름없다. 그들은 자신들의 방식으로 사람들에게 이렇게 말한다. "우리가 못 하면 아무도 못 하는 거야."

보잘것없는 처지에서도 윗사람들이 자신을 제대로 대우해 주지 않는다고 투덜대는 까다롭고 예민한 사람들도 오만한 축에 낀다. 그래서 그들은 아무리 다정하게 대해 주어도 결코 만족하지 못하고 마땅히 해야 할 일을 하면서도 떨떠름한 표정을 짓는다. 그 불만 어린 마음의 내면에는 잘못 자리 잡은 지나친 자기애가 있다. 그

"

한 사람을 구분하는 것은
계급이나 지위, 제복, 재산이 아니라
오로지 그 사람 자체다.

"

들은 자신의 지위를 단순하게 유지할 줄을 몰라서 터무니없는 요구와 음흉한 저의로 자신과 다른 사람들의 삶을 모두 복잡하게 만든다.

사람들을 가까이서 자세히 들여다보면 누구나 겸손하다고 할 만한 사람 중에 의외로 거만한 사람들이 많아 놀랄 때가 있다. 교만이라는 악의 힘이란 그렇게 강력해서 가장 수수한 환경에 사는 사람들의 주변에까지 두꺼운 장벽을 치고 가까운 이들로부터 그들을 고립시킨다.

그렇게 야심과 오만불손함 속에 웅크리고 등진 채 살아가는 이들은 위선적인 편견을 지닌 권력자들만큼이나 가까이 다가가기 힘들다. 유명한 사람이든 유명하지 않은 사람이든, 오만은 인류의 적으로서 음침한 패권을 과시한다. 비참할 때나 위대할 때나 똑같이 무력하고 고독하며 모두를 불신하고 모든 것을 복잡하게 만든다.

서로 다른 계층 사이에 증오와 적대감이 너무 클 때에는 그 까닭이 외적인 조건에 있기보다는 내적인 숙명에 있다는 건 너무도 자명하다. 이해관계가 대립되고 각자 처한 상황이 다르면 그 사이의 골이 깊어진다는 건 부인할 수 없는 사실이지만, 오만은 이 골을 더 깊은 심연으로 바꾼다. 사실상 한쪽 기슭에서 맞은편 기슭을 향해 이렇게 외치는 건 오만뿐이다. "우린 공통점이 하나도 없다."고.

갖고 있다면
겸손해지라

오만에 대해서는 아직도 할 말이 많지만 모든 형태를 다 묘사하는 건 불가능하다. 나는 오만이 지식과 섞여서 지식을 고갈시킬 때가 특히 싫다. 부나 권력과 마찬가지로 우리가 가진 지식도 다른 사람들이 있기에 가능하다. 지식은 모두에게 봉사해야 하는 사회적인 힘이고, 그 힘은 오로지 지식을 가진 사람이 갖지 못한 사람들에게 호의적일 때만 유익하다. 지식이 야망의 도구로 바뀌면 자신을 파멸시킨다.

선량한 사람들의 오만에 대해서는 뭐라고 해야 할까? 그런 사람들에게도 오만은 존재하고 오히려 그것은 미덕을 더 가증스럽게 만든다. 다른 사람들이 저지르는 잘못에 자책감을 느끼는 정의로운 사람은 연대감과 사회적 진리를 잃지 않는다. 반대로 다른 사람들이 저지른 실수와 결점을 경멸하는 정의로운 사람은 인류애를 등진다. 그렇게 허영심을 채우기 위한 장식으로 격하된 그들의 미덕은 인정머리 없는 부자나 복종심을 부드럽게 다룰 줄 모르는 권위와 별반 다를 것이 없다.

거만한 부자와 오만한 주인만큼 건방진 선행도 가증스럽다. 거기엔 뭔지 모를 것을 도발하는 특징과 태도가 있기 때문이다. 그런 모습을 보면 마음이 끌리기는커녕 부아가 치민다. 자존심을 버리고 그 선행을 받는 사람들은 뺨을 얻어맞은 듯한 모욕감을 느낀다.

이제 요약하고 결론을 내리자. 자신이 가진 장점이 무엇이든 그것을 허영심을 채우기 위해 활용하려 한다면 크나큰 착각이다. 각각의 장점은 저마다 과시를 위한 이유가 아닌 의무로 작용해야 한다. 물질적인 재산, 권력, 지식, 마음과 정신의 재능들이 오만을 키우는 데 사용되면 그만큼 불화의 원인이 된다. 그 장점들은 오로지 그것을 소유한 이들에게 겸손의 원천으로 작용할 때만 유익하다. 만일 가진 장점이 많다면 부디 겸손해지자. 그건 우리가 채무자라는 증거니까. 한 사람이 소유하고 있는 것은 전부 누군가에게 그 빚이 있다는 셈인데, 과연 우리에게는 그 빚을 갚을 능력이 있긴 한 걸까?

만일 중요한 지위를 맡고 있다면, 만일 다른 사람들의 운명을 손에 쥐고 있다면 겸손해지자. 통찰력 있는 사람이라면 그렇게 막중한 의무를 지고도 느끼지 못할 리가 없다. 만일 지식이 풍부하다면 겸손해지자. 아는 게 많을수록 모르는 게 얼마나 많은지 깨닫게 될 테고, 스스로 깨달은 보잘것없는 부분과 타인의 수고 덕분에 누리게 된 어마어마한 부분을 비교할 수밖에 없을 테니까. 끝으로 덕이 높다면 겸손해지자. 양심이 곧은 사람만큼 자신의 결점을 잘 아는 사람은 없다. 그들은 누구보다도 더 타인을 위해 관대해질 필요를 느낀다. 그리고 나쁜 짓을 하는 이들로 인해 고통스러워한다.

더 나아지려고 노력하는
사람은 겸손하다

아마 누군가는 이렇게 물을지 모른다.

"그러면 불가피한 구분은 어쩐단 말입니까? 너무 단순함만 강조하다가 사회가 제대로 기능하려면 어느 정도 유지되어야 하는 거리감마저 없애는 거 아닙니까?"

나는 구별과 차이를 없애야 한다고 생각하지 않는다. 다만 한 사람을 구분하는 것은 계급이나 지위, 제복, 재산이 아니라 오로지 그 사람 자체라고 생각한다.

그 어떤 시대보다도 이 시대의 사람들은 보기에만 번지르르한 겉치레가 얼마나 부질없는지 확실히 깨달았다. 이제는 황제의 외투를 걸치고 왕관을 써도 중요한 사람이 되기에 충분하지 않다. 계급장이나 가문의 문장 또는 훈장으로 거들먹거리는 일이 대체 무슨 소용이 있단 말인가? 물론 눈에 보이는 표시 자체는 아무 죄도 없다. 빈자리가 아닌 뭔가를 덮고 있어야만 그 의미와 쓰임새가 있을 뿐이어서, 그것이 더 이상 아무것도 상징하지 않을 때부터는 쓸모없고 위험해진다.

스스로 돋보이는 진정 유일한 방법은 더 뛰어난 가치를 지니는 것이다. 꼭 필요한, 그 자체로 충분히 존중할 만한 사회적 구분이 효율적으로 준수되기를 원한다면 우선 스스로 그럴 만한 자격을 갖춰야 한다. 그렇지 않으면 그런 구분을 증오하거나 멸시하는 데 일조하게 된다.

안타깝게도 우리 사이에서 존중이 점점 사라지고 있음은 너무나 자명한 사실이다. 물론 이는 존중받고 싶은 부분을 강조하지 않아서가 아니다. 그 잘못의 원인은 지위가 높은 사람은 삶의 일상적인 의무를 준수하지 않아도 된다는 편견에 있다. 우리는 재산이나 권력이 늘어나면 복종과 겸손의 정신도 함께 커져야 한다는 사실을 잊는다. 지위가 높아지면 법으로부터 자유로워진다고 생각한다. 그래서 자신의 임무를 가장 존중해야 하는 이들이 그 존중의 가치를 높이려는 노력을 하지 않게 되고, 바로 그 때문에 존중도 줄어든다.

꼭 두드러져야 하는 것이 있다면 오로지 더 나은 사람이 되고자 하는 바람뿐이다. 더 나은 사람이 되려고 노력하는 사람은 더 겸손해지고, 더 다가가기 쉬워진다. 심지어 그를 존중해야 마땅한 이들과도 더 친숙해진다. 더 잘 알게 될수록 얻는 것은 더 많아지고 잃을 것은 없어지는 것처럼, 거드름을 줄일수록 더 큰 존경을 받게 된다.

13

단순함을 위한
교육

La vie
simple

부모 위주의 교육법이
지닌 폐해

　　단순한 인생은 무엇보다도 정신적인 가르침의 산물이니 교육이 그 영역에서 지대한 영향을 미쳐야 하는 것은 당연한 일이다.

　자녀를 기르는 방법에는 두 가지가 있다. 첫 번째는 부모가 자기 자신을 위해 자녀를 키우는 방법이고, 두 번째는 자녀 위주로 키우는 방법이다.

　첫 번째 경우에 아이는 부모를 보완하는 존재로 여겨진다. 아이는 부모의 소유여서 부모의 소유물 중 한 자리를 차지한다. 부모가 애정 어린 삶을 무엇보다도 높이 사는 경우, 아이가 차지하는 자리는 때로 가장 고귀한 자리가 된다. 반면 물질적인 이익을 우선시할 때는 아이가 두 번째, 세 번째 혹은 마지막 순서가 된다. 어떤 경우에든 아이는 그다지 중요치 않은 존재다. 아직 어린아이는 부모 주위를 맴도는데, 그것은 그저 순종적이어서가 아니라 아이의 주도권과 존재 전체가 부모에게 종속되어 있기 때문이다. 아이가 나이를 먹어 갈수록 이 종속관계는 강화되어 생각, 감정, 모든 것으로 확장되면서 아예 몰수되는 지경에 이른다. 아이의 미성년기는 영원히 끝나지 않는다. 서서히 독립적인 존재로 진화해 나가기는커녕 노예 상태로 발전한다. 어른이 되어도 자신에게 주어진 울타리를 벗어나지 못한다. 그저 아버지의 사업이나 종교적 믿음, 정치적 견해, 미적 심미안이 요구하는 존재일 뿐이다. 독단적인 부모가 이끄는 대로 그 한계 안에서 생각하고, 말하고, 행동하고, 결혼하고, 자신의 가족을 늘린다.

이 가족 절대주의를 행사하는 사람들은 아무런 의지도 없는 사람들이다. 그저 자식은 부모의 것이라는 사실이 올바른 섭리라는 확신만 있으면 된다. 그런 사람들은 활력이 부족한 탓에 다른 수단으로, 한숨이나 애원으로 또는 야비하게 꾀어서 자식을 지배한다. 자식을 구속할 수 없다면 감언이설로 속여서라도 어떻게든 옭아맨다. 자식은 오로지 부모의 그늘 밑에서, 부모를 통해서, 부모를 위해서 살아야 할 뿐, 달리할 수 있는 일이 없다.

이런 식의 교육은 비단 가정에서만이 아니라 대규모 사회조직에서도 행해진다. 그 주요 교육 기능은 신참들을 손아귀에 넣어 절대 저항할 수 없게 구속하는 것이다. 그 사회체가 신정(神政)주의든 공산주의든, 혹은 단순히 관료적이고 관례적일지라도, 개인을 사회체 속에서 정복하고 분쇄하고 흡수한다. 언뜻 보면 이와 비슷한 체제는 그저 전형적으로 단순한 교육으로만 보일지 모른다. 사실 수법은 지극히 단순해서 만일 그 사람이 중요한 사람이 아니라 그저 인류의 한 표본에 불과하다면 완벽한 교육이 될 수도 있다. 그러면 모든 야생 동물들, 같은 종류의 물고기와 곤충들이 같은 곳에 같은 줄무늬가 있는 것처럼 우리도 똑같은 취향, 똑같은 언어, 똑같은 믿음과 똑같은 성향을 가진 모두 같은 인간이 될 것이다.

하지만 인간은 인류의 한 표본이 아니다. 그러므로 그런 식의 교육 결과는 전혀 단순하지 않다. 인간들은 서로 너무도 다양해서 개인적인 생각을 억압하고 잠재우고 소멸시키려면 셀 수 없이 많은 방법을 고안해야 한다. 그래도 결국 뜻대로는 되지 않고 매사에 혼란만 가중할 뿐이다. 매 순간 주도적인 내면의 힘이 난폭하게 통로를 뚫고 폭발, 격변, 심각한 무질서 등을 만들어 낸다. 표면적으로는 아무 일도 일어나지 않는 것 같아도 고통은 깊은 곳에 잠들어 있다. 겉으로 보이는 질서 아래에는 은밀한 반항이, 비정상적인 존재 속에 축소된 결함이, 무감각이, 죽음이 숨어 있다.

이 체제는 이와 같은 결실을 만들어 내는 나쁜 체제여서 아무리

겉으로는 단순해 보여도 사실상 일어날 수 있는 온갖 분규는 다 일
으킨다.

아이 위주의 교육법이
지닌 폐해

　　　　　두 번째로는 이와 완전히 정반대인 자녀
가 자기 위주로 자라도록 하는 교육이 있다. 이번에는 역할이 바뀌
어서 부모가 아이를 위해 존재한다. 태어나자마자 아이가 중심이
된다. 조부모의 흰 머리와 부모의 건장한 머리가 그 조막만 한 머
리 앞에 숙어진다. 아이의 혀 짧은 말이 그들의 법이다. 손짓 하나
면 충분하다. 아이가 밤에 요람에서 조금만 크게 울어도 피로 따위
는 개의치 않고 온 집안이 일어나야 한다. 갓 태어난 아이는 머지
않아 자신이 절대 권력을 쥐고 있다는 사실을 깨닫고, 걷기도 전에
이미 권력의 아찔함을 맛본다. 이는 자라면서 더 커지고 미화될 뿐
이다. 부모, 조부모, 하인, 교사, 온 세상이 그의 명령을 따른다. 가
까운 사람들에게서 찬사와 공양까지 받는다. 자신이 지나는 길에
정렬하지 않는 사람은 누구든 말을 듣지 않는 부하 취급을 한다.
안하무인이다. 자신만이 잘못을 저지르지 않는 유일하고 완벽한
존재다. 부모는 뒤늦게 깨닫고 주인 행세를 해 봐야 이미 소용없

다. 배은망덕하고, 존경도, 심지어 연민도 없다. 자신이 모든 것을 빚지고 있는 이들은 이제 안중에도 없고 살면서 법도, 아무런 제약도 없다.

이런 교육도 역시 사회적 형태를 띤다. 과거가 중요하지 않은 곳, 역사가 살아 있는 이들과 함께 시작되는 곳, 전통도 규율도 공경도 없는 곳, 제일 무식한 사람이 제일 목소리가 큰 곳, 공공질서를 대표하는 사람들이 안하무인으로 큰소리치는 사람의 눈치를 보는 곳이면 어디서나 그런 사회적 행태가 판을 친다. 변덕스러운 열정이 팽배하고 열등한 자유의지의 승리가 보장된다.

이 두 가지 교육을 비교하자면 전자는 환경이 격상되고, 후자는 개인이 격상된다. 전자가 전통의 절대주의라면 후자는 갓 태어난 아이들의 독재다. 나는 그 둘 다 해롭다고 생각한다. 하지만 가장 해로운 것은, 그 둘이 결합되어 맹종하는 정신과 반란 혹은 지배의 정신 사이에서 끊임없이 망설이는, 반은 꼭두각시 반은 폭군인 존재들을 만들어 내는 일이다.

삶 자체를 위해 아이를 키우라

자녀를 키울 때는 그들 자신을 위해 키워

서도, 부모를 위해 키워서도 안 된다. 인간이 표본에 불과한 인물이 되어서는 안 되기 때문이다. 아이는 삶 자체를 위해 키워야 한다. 그 교육의 목적은 인류의 적극적인 구성원, 서로 돕는 의좋은 세력, 도시의 자유로운 봉사자들이 되도록 돕게 하는 것이다. 그 외 다른 원칙을 따르는 교육은 인생을 복잡하게 만들고, 변형시키고, 온갖 무질서의 씨앗을 뿌린다.

아이의 운명을 한마디로 요약하면 '미래'라는 말이 제일 먼저 떠오른다. 아이는 '미래'다. 이 말 한마디로 지나간 고생, 현재의 노력, 앞날에 대한 희망까지 모든 것이 설명된다.

그런데 아이의 교육이 시작될 때 아이는 현재의 느낌에 사로잡혀서 그 말의 역량을 미처 가늠하지 못한다. 그러면 아이에게 제일 먼저 깨달음을 주고 아이가 가야 할 방향으로 인도해 주어야 하는 사람은 누구일까? 바로 부모들, 교육자들이다. 조금만 생각해 보면 그들이 하는 일이 단순히 그들 자신과 아이에게만 국한된 일이 아니라 객관적인 권력과 이해관계를 대표하고 다스린다는 점을 느낄 수 있다. 아이는 언제나 미래의 시민으로 여겨져야 한다.

아이가 자라서 미래의 시민이 된다는 점을 염두에 두면, 그 두 가지 근심이 실은 하나로 합쳐진다는 사실을 알 수 있다. 아이에게서 싹트는 첫 개인 권력이 장차 사회적인 권력으로 자라게 될 수 있기 때문이다. 따라서 아이에게 영향을 미치는 어떤 순간에도, 자신들이 돌보는 그 작은 존재들이 자기 삶의 주인이자 '형제'가 되어야 한다는 사실을 잊어선 안 된다. 이 두 가지 조건은 서로 상반되기는커녕 절대 따로는 존재할 수 없다. 스스로 자신의 주인이 되지 않고서는 형제애를 품을 수도, 타인을 사랑하거나 헌신할 수도 없기 때문이다. 역으로 말하면, 살면서 겪게 되는 파란만장한 일들을 통해 삶의 깊은 활력을 길어 올리며 세상은 결코 혼자서는 살아갈 수 없는 곳임을 속속들이 느끼지 않고는 스스로를 온전히 소유할 수도, 자신만의 개별적인 존재를 이해할 수도 없다.

한 아이가 자기 삶의 주인이자 우애 있는 형제가 되도록 도우려면 무질서한 세력의 과격하고 해로운 행위에 맞서서 아이를 지켜내야 한다. 그 세력은 외적이면서 동시에 내적이다. 모든 아이는 밖으로는 물질적인 위험뿐만 아니라 낯선 의지에 과격하게 간섭당하는 위협을 받는다. 그리고 안에서는 자만심과 그 느낌이 일으키는 모든 환상으로부터 위협을 받는다. 외부의 위험은 교육자들의 그릇된 영향력에서 생겨날 수 있는 대단히 큰 위험이다. 강자의 권리는 힘들이지 않고 교육에도 스며들기 마련이므로 누군가를 교육하려면 이 권리를 포기해야 한다. 즉, 우리를 타인의 적으로, 심지어는 우리 아이들의 적으로 둔갑시키는 우리 자신의 열등감을 과감히 떨쳐 내야 한다.

권위는 나 자신보다 뛰어난 다른 사람을 본받을 때만 유익하다. 그런 경우에는 유익할 뿐만 아니라 꼭 필요하기도 해서 내적으로 아이를 위협하는 가장 큰 위기, 즉 자신의 중요성을 과대평가하는 위기에 대처할 수 있는 최고의 보증이 된다. 인생의 초년에 받는 개인적인 느낌은 대단히 인상이 강렬해서 그 균형을 회복하려면 차분하고 뛰어난 의지의 부드러운 영향력을 받아야 한다. 교육자로서의 진정한 자질은 아이에게 이 의지를 최대한 무심하면서도 지속적인 방식으로 나타내는 데 있다. 그래서 교육자들은 세상에서 가장 존경받아 마땅한 존재다. 교육자들은 생을 시작하는 아이보다 앞서고 뛰어나며 감싸는 느낌을 주되 그들을 억압해선 안 된다. 오히려 교육자들의 의지와 그들이 전달하는 영향력은 모두 고스란히 아이의 타고난 기운을 함양하는 풍부한 요소가 된다. 그렇게 영향력을 행사하는 일은 공손한 품성에서 자유로운 영혼이 자라날 수 있도록 장려하는 일이다.

부모와 교사가 아이를 훈육할 때 개인적인 권위만 내세우면, 아이는 무성한 가시덤불 아래에서 시들어 죽는 어린 식물과 같은 신세가 된다. 아이의 개인적인 환상을 접게 할 만큼 존엄한 현실에 순응하는 사람의 객관적인 권위는 맑고 환한 공기와 비슷하다. 물론 효력이 강해서 나름의 방식으로 우리에게 영향을 주지만 우리의 개성을 더 풍요롭고 견고하게 해 준다. 이런 권위가 없다면 교육은 아무 소용도 없다. 돌보고 이끌고 통제하는 것, 이런 것이 교육자의 임무다. 필요하다면 아이에게 교육자는 장애물 높이까지 힘껏 뛰어올라야만 분명하게 보이는 변덕스러운 장벽이 아니라, 변하지 않는 현실, 법칙, 경계, 어떤 행동으로도 맞설 수 없는 진실이 비쳐 보이는 투명한 장벽처럼 여겨져야 한다. 그래야만 비로소 각자 나 자신보다 더 큰 무언가를 생각할 수 있는 능력인 존경과 우리를 성장하게 하고 겸손하게 함으로써 자유롭게 해 주는 존중이 생겨 난다. 바로 이것이 단순함을 위한 교육의 법칙이다. 이 법칙은 이렇게 요약할 수 있다. 교육은 '자유롭고 존경스러운' 사람, '개성적이면서 우애 있는' 사람을 양성하는 일이라고.

마음의 단순함은 존중을 기른다

이 원칙으로 몇 가지 실질적인 응용을 해 보자.

아이는 미래인 만큼 효심을 통해 과거와 연결되어야 한다. 그렇게 해서 전통에 가장 실용적이면서도 강한 느낌을 만들어 낼 수 있는 형태를 덧씌워야 한다. 따라서 교육을 할 때나 가정생활에서, 연장자들, 기억에 대한 예찬, 나아가서는 가족사를 위한 특별한 자리를 마련해야 한다. 특히 매사에 부모를 공손히 봉양하는 일이야말로 자식들에 대한 의무를 다하는 태도다. 자신의 부모가 어떤 상황에서도 거동이 불편한 늙은 조부모를 공손히 대하는 모습을 직접 보는 일만큼 아이에게 강력하게 겸양의 느낌을 키워 주는 방법

"

자녀를 키울 때는
그들 자신을 위해 키워서도,
부모를 위해 키워서도 안 된다.
삶 자체를 위해 키워야 한다.

"

은 없다.

여기에는 거부할 수 없는 불멸의 교훈이 담겨 있다. 그 교훈이 완전한 힘을 지니려면 집안의 모든 성인들 사이에서 암묵적인 동의가 이루어져야 한다. 교육적인 권위를 위태롭게 하지 않도록 아이의 눈에 비친 어른들이 모두 굳게 결속되어 서로를 존중하고 서로의 말을 들어 주어야 한다. 그리고 그 어른들 전체에는 집에서 일하는 고용인들도 포함되어야 한다. 고용인도 어른이므로, 아이가 고용인에게 정중하게 대하지 않거나 아이의 아버지나 할아버지가 정중하게 대하지 않으면 똑같이 자존심에 상처를 받는다. 아이가 자신보다 나이가 많은 사람에게 무례하거나 거만하게 말을 건네는 순간, 아이는 가서는 안 되는 길에 발을 디딘 셈이고, 부모는 아무리 주의 주는 일을 소홀히 하지 않으려 했다 해도 머지않아 자신들을 대하는 아이의 행동을 보며 아이의 마음속에 이미 불손함이 자리 잡았음을 깨닫게 된다.

아이가 원래 존경과는 거리가 멀다고 생각하거나, 어린 나이에 그 정도 버릇없는 태도는 당연히 보일 수 있다며 그 의견을 뒷받침하려 든다면 이는 어불성설이다. 사실상 존중은 아이에게는 하나의 욕구다. 아이의 도덕적 존재는 존중으로 자라난다. 아이는 막연히 누군가를 존경하고 감탄하고 싶어 한다. 하지만 그 열망에서 한 부분도 끌어내지 못하면 타락하고 파멸한다. 우리 어른들은 단결력과 공경이 부족한 모습을 아이들에게 보여 우리 자신의 신용은 물론, 존경할 만한 모든 것들의 신용을 떨어뜨린다. 우리가 아이에게 잘못된 정신을 심어 주면 그 영향은 다시 우리에게로 돌아온다.

이 비참한 진실은 어디에서보다도 주인과 하인 사이의 관계에서 가장 여실히 드러난다. 우리의 사회적 과오, 즉 단순함과 선의가 부족하면 그 영향은 고스란히 우리 아이들에게 미친다. 자식들이 집 안의 고용인들을 존중할 줄 모르게 만드느니 차라리 재산을 잃는 편이 낫다는 것을 이해하는 중산층은 분명 거의 없다. 집 안에서 겸손한 어른의 본보기를 보이는 중산층도 거의 없다. 이보다 더한 진실은 없다. 굳이 전통을 고수하고 사람들과 어느 정도 거리를 두기를 원한다면 각자가 자신의 자리를 지키고 서열을 준수할 수 있는 일종의 사회적 경계선을 넘지 마라. 단, 우리를 돕는 이들도 우리와 똑같은 사람이라는 사실을 절대 잊어선 안 된다. 우리는 하인들에게 우리에 대한 외적인 존중의 표시로 어떤 언어와 행동 양식을 요구한다. 또한 하인들에게 납득시킨 태도를 자녀들에게도 교육하고 우리도 개인적으로 사용한다. 그런데 그들이 우리를 존중해 주길 바라는 것처럼 우리도 그들의 개인적인 존엄성을 지켜 주는가?

가정은 건강한 사회에 없어선 안 될 조건인 상호 존중을 실천하는 최고의 연습 장소다. 그런데 그 장소를 너무 활용하지 않는 것 같아 걱정이다. 우리는 존중을 요구하기만 할 뿐 정작 실천은 하지 않는다. 그러면 대개는 위선만 쌓여 전혀 예기치 못했던 결과를 얻게 된다. 즉, 자식들에게 오만함을 키워 주는 꼴이 된다. 그 두 요소가 결합하면 우리가 보호해야 할 그 미래에 커다란 문제들이 쌓인다. 따라서 장담하건대, 우리의 잘못된 습관과 태도를 보고 자란 아이들이 존중할 줄을 모르게 되면 결국 우리도 언젠가는 그로 인해 크게 상심하게 될 것이다.

왜 아니겠는가? 내가 볼 땐 우리 대부분이 존중이 줄어드는 데 일조하는 것 같다. 어디에서나, 거의 모든 사회계층에서 아이들에게 꽤 나쁜 정신을, 서로 무시하는 정신을 조장하는 모습이 눈에 띈다. 이쪽에서는 손에 못이 박히고 작업복을 입고 있는 사람은 누구든 무시하고, 저쪽에서는 청바지를 입지 않은 노동자는 누구든 무시한다. 그런 정신으로 자라난 아이들은 언젠가는 슬픈 시민이 된다. 절대적으로 이 모든 일은 사회의 다양한 계급에서 선의를 지닌 사람들이 서로를 갈라놓는 관습적인 거리에 조금도 방해받지 않고 다 함께 협력할 수 있게 하는 단순성이 부족해서다.

당파심도 특권의식에 못지않게 존중을 잃게 한다. 일부 환경에서는 자신들의 고향인 단 하나의 고장만을, 부모와 선생님의 정책인 단 하나의 정책만을, 자신들에게 주입되었던 단 하나의 종교만을 떠받들도록 자식을 키운다. 정말 인간이 그런 식으로 고향, 종교, 법을 존중하도록 양성되어도 좋다고 생각하는가? 오로지 우리와 관계된 것 혹은 우리의 것으로만 확장되는 존중이 과연 올바른 품성일까? 너무나 태연자약하게 존중의 유파를 사칭하며 자신들

외에는 아무것도 존중하지 않는 도당과 파벌의 이상한 무분별함. 사실상 그 유파들은 이렇게 가르친다. "우리가 곧 고향이고 종교이고 법이야!" 비슷한 교육은 맹신을 낳는다. 맹신이 반사회적인 유일한 요소가 아니라 하더라도 가장 강력한 최악의 요소임은 분명하다.

삶의 단순함을
가르쳐라

마음의 단순함이 존중에 없어서는 안 될 조건이라면, 삶의 단순함은 최고의 학교다.

재산이 어떤 식으로 얼마나 많든지 아이들이 다른 사람보다 가진 것이 많다거나 우월하다고 생각하게 만들 일은 무조건 삼가라. 부유하게 차려입을 수 있는 형편이라면 아이들의 허영심을 부추겨서 일으킬 수 있는 피해를 생각해 보라. 멋을 부려 차려입기만 하면 기품을 얻을 수 있을 거라는 생각을 절대 못 하게 해서 아이들을 불행으로부터 보호하라. 특히 옷차림과 습관으로 이미 다른 사람들과 갈라놓은 거리를 더 늘리지 마라. 옷은 그저 수수하게 입으면 된다.

반대로 자녀에게 세련되게 옷을 입는 기쁨을 주기 위해 힘겹게 절약해야 했다면 그 희생에 대한 더 나은 명분을 갖추라고 권하고 싶다. 그 희생에 대한 보상을 제대로 받지 못해 중요한 필수품을 위해 아껴야 할 돈을 헛되이 낭비할 우려가 있으니까. 훗날 그 희생을 인정받지 못하고 후회할 일이 생길 수 있기 때문이다. 우리 아이들이 우리의 능력과 자신들의 능력마저 넘어서는 삶의 방식에 익숙해진다면 얼마나 위험한 일이겠는가! 그런 지경이 되면 우리의 재정 상황은 아주 악화된다.

그리고 그것은 또한 가정에서 함부로 남을 멸시하는 정신을 키우는 일이 될 수 있다. 아이를 마치 어린 영주처럼 옷을 입히고 그들이 우리보다 월등하다고 믿게 한다면 결국 언젠가 아이들이 우리를 무시한다 한들 놀라울 일이 무언가! 내 집에서 낙오자들을 먹여 키운 꼴이니 말이다. 결국 비싼 대가를 치르고 아무 가치 없는 산물을 얻은 셈이다.

결과적으로 그런 훈육 방법은 아이들이 부모와 부모의 환경, 자신들이 성장한 환경의 풍습과 노고를 무시하게 한다. 그런 훈육은 큰 재난이다. 자신의 혈통, 기원, 인척 관계, 요컨대 인간의 가장 중요한 바탕이 되는 모든 것을 외면하는 불평분자 군단을 양산하기에 딱 좋은 훈육이다. 그들은 일단 자신들을 만든 굳건한 나무에서 떨어져 나오면 갈 곳을 잃은 야심이라는 바람에 휩쓸린 낙엽처럼 힘없이 땅에 떨어진다. 그리고 바닥에 떨어진 이들은 일정한 장소에 차곡차곡 쌓여서 발효하고 썩어 간다.

자연은 껑충껑충 나아가지 않고 느리고 확실한 진화를 거친다. 자녀에게 어떤 직업을 준비시키는 방법을 상상해 보자. 진전과 진보를 공중제비와 같은 과격한 훈련과 혼동하지 말자. 우리 아이들이 아버지들의 노력과 열망 그리고 소박한 정신을 업신여기도록 키우지 말자. 설령 재산을 모으지 못했다 해도 우리의 가난을 부끄럽게 여기는 그릇된 유혹에 빠지지 않게 하자. 사회가 병들기 시작하면 농부의 아들들이 들판에 싫증을 느끼고, 뱃사람의 아들들이 바다를 버리고, 노동자의 딸들이 상속자를 만날지 모른다는 희망으로 정직한 부모의 품을 떨치고 혼자 거리를 걷는 편을 택한다. 반대로 사회가 건강할 때는 구성원들 각자가 부모가 앞서 해낸 일에 더 열중하고, 자신이 맡은 일을 양심적으로 해내며, 더 겸손하게 만족하고 더 나아지려고 애쓴다.

단순하고
강인해지는 연습

교육은 자유로운 인간들을 양산해야 한다. 자녀가 자유로운 사람으로 자라기를 원한다면 단순하게 키우라. 무엇보다도 그렇게 해서 아이들의 행복에 누를 끼칠지 모른다는 걱정을 하지 마라. 오히려 정반대니까. 더 비싼 장난감을 사주고, 파티를 더 많이 열어 주고, 신기한 오락거리를 더 많이 준다고 해서, 아이가 더 즐거워하진 않는다. 여기에는 확실한 증거가 있다. 아이들을 즐겁게 해 주는 방법도 검소하게 택하고, 무엇보다도 생각 없이 억지로 욕구들을 만들지 말자. 음식, 옷, 집, 기분 전환, 이 모든 것 역시 최대한 자연스럽고 복잡하지 않아야 한다.

어떤 부모들은 아이가 즐거운 삶을 살게 해 준답시고 식탐과 게으름 피우는 습관을 길러 주고, 그 나이와 어울리지 않는 자극을 경험하게 하고, 파티와 오락거리를 늘린다. 얼마나 안타까운 선물인지! 자유로운 인간 대신 노예를 만드는 일이다. 사치에 너무 익숙해지다 보면 언젠가는 결국 그 사치에도 물린다. 이런저런 이유로 안락함이 부족해지면 아이와 부모 모두 불행해진다. 더 심각한 문제는, 아이나 부모 모두가 인생에서 중요한 마주침이 될 수도 있는 상황에서 순전히 나태함 때문에 인간의 존엄성을, 진실을, 의무를 포기하는지도 모른다는 점이다.

그러니 대놓고 말하자면, 우리 아이들을 단순하게 키우자. 강인해지는 연습을 시켜 결핍에 대해서도 단련시키자. 식탁의 기쁨과 침대의 안락함을 만끽하는 사람보다 맨바닥에 누울 준비, 피로를 견딜 준비가 더 잘 된 사람이 될 수 있도록 하자. 그러면 아이들은 독립적이고 강한 사람, 남들이 믿고 의지할 수 있는 사람이 되어 재산 몇 푼에 자신을 파는 일도 없을 테고, 어쨌든 누구보다도 행복해질 능력을 갖추게 될 것이다.

삶이 너무 쉬우면 활력이 줄어든다. 무감각해지고, 환멸을 느끼고, 무엇에도 재미를 못 느끼는 애늙은이가 된다. 요즘 그런 어린이들과 젊은이들이 얼마나 많은지 모른다. 우리와 함께 있으면서 배운 노쇠와 회의주의, 악습, 못된 습관의 흔적을 마치 음울한 곰팡이처럼 고스란히 지니고 있다. 그런 빛바랜 청춘들을 보면 우리 자신을 얼마나 돌아보게 되는지! 그런 태도에 새겨진 경고란!

그 그림자들이 대조적으로 우리에게 말해 주는 행복은 진정 생기 있고 활기차고 경쾌한 존재, 열정의 멍에나 인위적인 욕구 또는 병적인 흥분에 휘둘리지 않는 순수한 존재가 되어 자신의 몸에서 하루의 빛과 공기를 즐길 줄 알고, 관대하고 단순하며 아름다운 모든 것을 강렬히 사랑하고 느끼는 능력을 간직하는 데 있다.

삶의
주인이 되는 연습

인위적인 삶은 인위적인 생각과 확신 없는 말을 낳는다. 건전한 습관, 강한 인상, 현실과의 평범한 접촉은 자연스럽게 솔직한 말을 끌어낸다. 거짓말은 노예의 악덕이요, 비겁하고 나약한 자들의 도피처다. 자유롭고 강인한 사람은 누구든 대단히 솔직한 사람이기도 하다. 우리 아이들이 얼버무리지 않고 무엇이든 솔직히 말할 줄 아는 해맑고 대담한 사람으로 자라나도록 키우자!

우리는 보통 어떻게 하는가? 많은 사람이 올바른 태도라고 생각하는 획일성을 얻기 위해 타고난 기질을 무시하고 하향 평준화시킨다. 자신의 정신으로 생각하고, 자신의 마음으로 느끼고, 진정한 자아를 표현하는 걸 얼마나 무례하고 상스럽게 여기는지 모른다. 각자에게 자신의 존재 이유를 주는 유일한 것을 항상 억누르는 교육은 얼마나 끔찍한가. 우리는 얼마나 많은 영혼을 죽이는 죄를 짓고 있는가! 어떤 이들은 몽둥이질에 죽고, 또 어떤 이들은 털 이불 사이에서 서서히 질식한다!

모든 것이 독립적인 성격을 갖지 못하도록 결탁한다. 어릴 때는 우리가 인형이나 깎아 놓은 목상처럼 지내기를 바란다. 커서는 우리가 세상의 다른 모든 이들처럼 굴어야만 괜찮다고 생각한다. 하나만 보면 열을 안다. 그래서 우리에겐 독창성과 주도권이 결핍되었고 평범함과 단조로움이 우리 인생에 또렷이 새겨졌다.

진실이 우리를 자유롭게 하리라. 우리 아이들에게 삶의 주인이 되는 법, 소리가 갈라지지도 탁해지지도 않게 맑은 소리를 내는 법을 가르쳐주자. 필요할 때는 성실하게 대해 주고, 아무리 심각한 실수를 저질렀더라도 잘못을 감추지 않는 것을 장점으로 여길 수 있도록 해 주자.

아이들의 경이로움을
빼앗지 말라

우리가 가진 양육자로서의 배려에 솔직함과 순박함을 더하자. 조금은 거칠지만 상냥하고 친절한 소꿉친구처럼 가능한 한 모든 점을 고려하자. 겁먹게 해서 놓치지 말자. 한 번 달아나면 다시 돌아오는 일은 거의 드물다. 순진무구함은 진실의 누이와도 같을 뿐만 아니라, 각자의 고유한 장점들을 지켜 주는 대단히 교육적이고 의미심장한 힘이기도 하다.

나는 우리 주변에서 소위 긍정적이라는 사람들을 너무 많이 본다. 그들은 순진한 것들을 보금자리에서 끄집어내서 날개를 갉아먹는 무시무시한 망원경과 거대한 가위로 무장한 사람들이다. 그들은 삶에서, 생각에서, 교육에서 순진함을 도려내고 꿈의 영역까지도 좇아간다. 아이들을 인간으로 만들겠다는 구실로 아이답지 못하게 만든다. 하지만 이는 가을이 되어 과일이 익기 전까지는 봄의 꽃, 향기, 노래, 요정들이 있을 수 없는 것과 다르지 않은 처사다.

나는 순진하고 단순한 모든 것에 자비를 베풀기를 바란다. 깎아놓은 밤톨 같은 아이들의 머리 주위에서 펄럭이는 순수한 자부심을 위해서만이 아니라 경이롭고 신비로운 세상의 전설, 순수한 노래, 이야기들을 위해서도. 인간은 어렸을 때 날개 잃은 새처럼 되지 않기 위해 무한함을 느낄 필요가 있는데, 그 무한함을 느끼는 첫 번째 형태가 바로 경이로움이다.

어린아이에게서 경이로움을 빼앗지 말자. 현실적인 것을 뛰어넘어 성장할 수 있는 능력을 키워 주자. 훗날 지난 세월의 경건하고도 감동적인 상징들을 존중할 수 있도록. 그리하여 인간적인 진실함으로 메마른 논리로는 결코 대체할 수 없는 아름다운 표현들을 찾을 수 있도록.

결론

이 정도면 단순한 삶의 정신과 표현에 대해 충분히 이야기하고, 그 속에 잊힌 힘과 아름다움의 세상이 담겨 있음을 명백히 밝힌 것 같다. 우리가 일상을 복잡하게 구속하는 치명적인 무익함에서 스스로 벗어날 만큼 충분한 활력을 지닌 사람이라면, 그 세상을 차지할 수 있으리라. 허울뿐인 만족과 유치한 야심을 포기하면, 행복해지는 능력과 정의를 위한 힘이 더 커진다는 사실을 머지않아 깨닫게 된다.

이런 결과들은 공적인 삶 못지않게 사적인 삶에도 영향을 미친다. 돋보이고 싶은 열병 같은 성향과 싸우고, 욕망 충족을 활동의 목적으로 삼지도 않는다. 그렇게 겸손한 취향으로, 진정한 삶으로 돌아간다면 분명 우리는 가족의 결속을 굳건히 하려 노력할 것이다. 새로운 풍습을 받아들이고 아이들을 교육하기에 더 유리한 환경을 만드는 또 다른 정신이 우리 집 안에 숨결을 불어넣는다. 우리 젊은이들은 차츰차츰 더 높으면서도 현실적인 이상을 향한다고 느낀다.

이런 내적인 변화는 장기적으로는 대중의 정신에도 영향을 미친다. 벽돌의 입자와 그 벽돌들을 접착시키는 시멘트의 점도에 따라 벽의 견고함이 좌우되는 것과 마찬가지로, 공적인 삶의 활력도 시민들의 개인적인 가치와 그들의 응집력에 달려 있다.

이 시대가 요구하는 것은 인간 개개인이라는 사회 요소들로 이루어진 공동체다. 현재 사회 조직의 모든 것은 우리를 이 요소로 귀착시킨다. 우리는 그 요소를 무시하면서 진보의 혜택을 잃고 심지어 가장 끈기 있는 노력을 등한시할 위험에 처했다. 끊임없이 완벽해지는 설비 속에서 노동자의 가치가 떨어지면 그 기계들이 대체 무슨 소용이란 말인가? 그 기계들의 탁월한 성능 때문에 분별력이나 양심 없이 그 기계들을 다루는 노동자의 실수는 더 두드러질 것이다. 현대의 거대한 기계의 톱니바퀴는 무한히 섬세하다. 악의, 무능함, 타락은 옛날 사회의 다소 불완전한 조직에서보다 훨씬 가공할 문제들을 만들어 낼 수 있다. 따라서 우리는 어떤 기준에서든 이 기계의 작동을 맡은 개인의 자질에 신경 써야 한다. 그 개인은 건실하면서도 사교적이어야 한다. 삶의 주된 법칙을 본받아 자기 삶의 주인이자 우애 있는 형제가 되어야 한다. 우리 안팎의 모든 것은 이 법칙의 영향으로 단순화되고 단일화되어야 한다. 누구나 이 법칙에 따라 행동해야 한다. 우리의 본질적인 관심은 전혀 다를 바 없이 똑같기 때문이다. 단순함의 정신을 키우면 공적인 삶에 더욱 강한 응집력이 생긴다.

우리가 여기서 주목하는 분해되고 황폐화되는 현상은 같은 원인에서 비롯된다. 모두 견고함과 응집력이 부족해서다. 특권계급, 파벌, 도당의 사소한 이해관계의 승리, 악착스러운 개인의 행복 추구가 얼마나 사회적 행복과 상반되는지, 그리고 치명적인 결과로 이어져 개인의 행복을 파멸시키는지는 두말하면 잔소리다. 저마다 자신의 개인적인 안위만 돌보느라 여념이 없는 사회는 조직적인 무질서가 지배하는 사회다. 이는 모두 우리가 완강한 이기주의로 인해 타협할 줄 모르는 갈등을 보고 배우면서 자라났기 때문이다.

우리는 가족의 긍지를 위해서가 아니라 오로지 제 이익만 챙길 요량으로 가족의 권리를 주장하는 사람들과 너무 닮았다. 사회 계층의 모든 단계에서 우리는 끝없이 뭔가를 요구한다. 모두 자신이 채권자라고 주장하지 채무자라고는 생각하지 않는다. 우리 동포들과 우리의 관계는, 빚을 갚으라고 채근하는 어조가 상냥한지 거만한지에 따라 달라진다. 이런 정신으로는 좋은 일이 절대 일어나지 않는다. 결국 우주가 작동하는 원리의 영원한 적이자 끊임없이 새롭게 되살아나 우애로운 이해에 걸림돌이 되는 것이 바로 그 특권정신이기 때문이다.

■■■

1882년에 어느 강연에서 프랑스의 철학자 에르네스트 르낭은 한 민족은 "정신적인 가족"이라고 말하며 이렇게 덧붙였다. "민족의 본질은 모든 개개인이 많은 것을 공유하고 또한 모두가 많은 것들을 잊었다는 점이다."

잊은 것이 무엇이고 기억해야 하는 것이 무엇인지를 아는 것은 과거에도 매일의 일상에서도 중요한 일이다. 우리의 기억은 우리를 분열시키는 것들로 가득 차서 혼란스럽고, 우리를 결속시키는 것들은 어느새 슬그머니 잊힌다. 누구나 기억 속 가장 선명한 지점에서 자신의 부차적인 자질에 대한 생생하고 날카로운 기억을 간직한다. 그 자질은 농부, 기업인, 교양인, 공무원, 프롤레타리아, 부르주아, 정치적 또는 종교적 광신자일 수 있다. 반면에 자신이 태어난 고장의 자식이자 한 사람의 인간이라는 본질적인 장점은 그늘 속으로 밀려난다. 본질은 고작해야 이론적인 개념으로나 간직할 따름이다. 그리하여 우리를 지배하고 행동을 부추기는 것은 바로 우리를 다른 사람들로부터 갈라놓는 것이어서, 겨레의 얼과 같은 결속력을 위한 자리는 거의 남지 않았다.

또한 그 때문에 곁에 있는 사람들에게 악감정을 품기도 한다. 자기중심주의, 배타적인 정신, 고압적인 정신으로 움직이는 사람들은 끊임없이 서로의 기분을 상하게 한다. 마주칠 때마다 대립과 경쟁의 느낌만 일깨운다. 그렇게 그들의 기억에는 상호 간의 악의, 불신, 원한이 쌓인다. 이 모든 것이 그릇된 정신과 그에 따른 결과다.

그런 것들은 우리 주변에서 철저히 근절되어야 한다. 기억하라, 그리고 잊지 마라! 이 말은 매일 아침 우리가 어떤 관계를 맺든 어떤 역할을 하든 우리 자신에게 되풀이해야 할 말이다. 본질을 기억하고 부차적인 부분은 잊어라! 시민의 의무를 더 훌륭히 이해하고 가장 겸손하면서도 가장 고상하게 단순함의 정신을 함양하라! 상냥한 태도로 가까운 사람들의 정신에 좋은 기억들을 키워 줄 수 있기를! 자신도 모르게 "이 일은 절대 잊지 않겠어!"라며 마음속의 증오를 내뱉어 버리는 행동은 자제하기를!

단순함의 정신은 매우 위대한 마법사다. 이 정신은 우툴두툴한 부분들을 매끄럽게 가다듬고, 균열과 심연 위로 다리를 짓는다. 손과 마음을 가깝게 놓는다. 단순함의 정신은 세상에서 무수히 많은 형태를 띤다. 하지만 최악의 장애물들을 이기고 다양한 상황, 이해관계, 편견의 치명적인 울타리 틈새로 모습을 드러내 울타리 양쪽으로 단절되는 것처럼 보이던 이들이 서로 이해하고 존경하고 사랑하게 만들 때가 가장 멋지게 보인다. 바로 그것이 진정한 사회적 유대이고, 민족은 바로 그 유대와 함께 세워진다.

옮긴이 | 문신원

이화여자대학교 불어교육과를 졸업하고 프랑스 파리 소르본 대학교 가톨릭대학에서 DEC(현대 문학과 예술 연구) 과정을 수료했다. 현재 프랑스어와 영어 전문 번역가로 활동하고 있다. 옮긴 책으로 『느리게 걷는 즐거움』, 『완벽하지 않아서 더 완벽한 집』, 『마음의 힘』, 『당신의 이성을 마비시키는 그럴듯한 착각들』, 『굿바이, 안네』, 『나는 임신하지 않았다』, 『할머니의 사라지는 기억』, 『파리 카페』, 『악의 쾌락:변태에 대하여』, 『죽음의 행군』 등이 있다.

단순한 삶

1판 1쇄 펴냄 2016년 5월 26일
1판 6쇄 펴냄 2023년 12월 6일

지은이 | 샤를 와그너
옮긴이 | 문신원
발행인 | 박근섭
책임편집 | 강성봉
펴낸곳 | 판미동

출판등록 | 2009. 10. 8 (제2009-000273호)
주소 | 06027 서울 강남구 도산대로 1길 62 강남출판문화센터 5층
전화 | 영업부 515-2000 **편집부** 3446-8774 **팩시밀리** 515-2007
홈페이지 | panmidong.minumsa.com

도서 파본 등의 이유로 반송이 필요할 경우에는 구매처에서 교환하시고
출판사 교환이 필요할 경우에는 아래 주소로 반송 사유를 적어 도서와 함께 보내주세요.
06027 서울 강남구 도산대로 1길 62 강남출판문화센터 6층 민음인 마케팅부

판미동은 민음사 출판 그룹의 브랜드입니다.